Je dédie ce livre

    A toi, mon Amour, qui m'aides au quotidien à panser mes blessures,

    A notre famille devenue notre Temple,

    Aux aidants, qui au chevet de leur proche fragilisé ou en situation de handicap, offrent leurs soins.

A l'aube

A l'aube du dernier dimanche de février 1955, l'Aronde file tranquillement à travers la Forêt Noire, en direction de Karlsruhe.

A bord de la voiture, mes deux oncles et leur ami Hans rejoignent leurs parents pour un office religieux.

Dans l'atmosphère envoûtante de la brume matinale, les immenses sapins bordant la route imposent la nature dans sa plénitude. On n'entend que le ronronnement du moteur. Le calme ambiant invite les passagers à retenir leur souffle. A priori la route est déserte, comme l'imagine certainement le chauffeur de l'autocar qui fait la route en contre-sens.

Au prochain virage il coupe la route, la voiture de mes oncles et leur ami s'encastre sous l'autocar. Hans et l'un de mes oncles décèdent sur le coup, l'autre pendant son transfert à l'hôpital.

Le décès brutal de mes deux oncles vient de plonger la famille dans une grande souffrance. Mon cousin, premier né de notre génération, vient de perdre son père.

Deux semaines plus tôt, je naissais dans une famille heureuse. Mon père aimait son métier de capitaine de chalutier remorquant des péniches sur la Moselle. Ma mère vaquait aux occupations familiales. Elle adorait son jardin, peuplé de la meute de chiens que mon père emmenait à la chasse.

Mes grands-parents paternels n'ont plus que mon père et deux belles-filles éplorées. Tous se réfugient alors dans la religion, dont la place déjà importante dans leurs vies devient centrale. Y trouveront-ils l'apaisement ?

Quant à moi, âgé de quinze jours à peine, mon destin a déjà basculé.

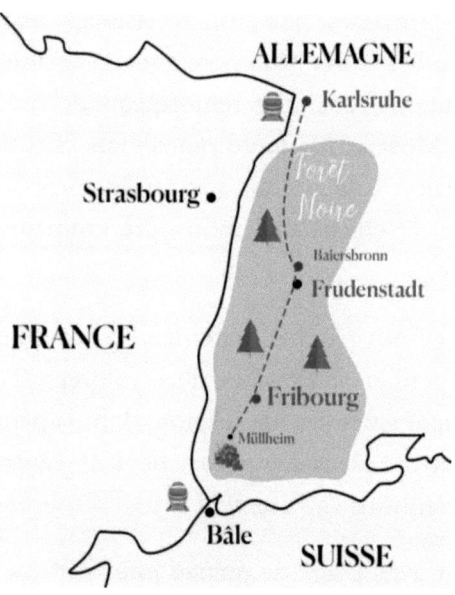

L'ancêtre

Le 1er mars 1897, dans un village d'Alsace, naquit mon grand-père paternel, que l'on surnommait « Opa ».

Issu d'une famille modeste, il avait l'ambition d'apprendre pour s'émanciper. A l'âge de onze ans, il remplaçait déjà le maître d'école lorsque ce dernier était absent, présageant d'un certain avenir.

L'école du village ne comptait alors qu'une classe, regroupant les enfants de six à seize ans. Sur ses bancs, une jeune fille prénommée Caroline admirait déjà celui qui allait devenir son mari. Quelques années plus tard, le jour du bal traditionnel, le rapprochement de ces deux êtres débordants d'énergie et d'intelligence allait dessiner le début de ma famille.

Ils convolèrent en justes noces le 8 octobre 1928.

Leur mariage ouvrit des perspectives, et mon Opa dit à sa dulcinée : « On ne va pas rester au village, et comme nos parents, trimer dans les champs et les vignes ». Que cela soit : Caroline vendit un bout de terrain qui lui appartenait et embarqua son amoureux à la ville pour ouvrir une cordonnerie. Ils eurent trois fils, dont mon père Etienne.

Leur commerce marchait très bien, et rapidement ils se firent un nom dans leur nouvelle bourgade. Un jour, un client inhabituel poussa la porte de leur boutique. Il leur parla de sa foi, et de son appartenance à une communauté portée par des apôtres comme au temps de Jésus : la communauté néo-apostolique.

Un peu d'histoire …

Au XIXème siècle naissait en Angleterre et en Ecosse le « Réveil Chrétien », un mouvement social et culturel de renouveau spirituel. Il visait à raviver une foi assoupie, installée et routinière.

Chaque année, au mois de mai, les membres des communautés affluaient à Londres, où plusieurs notables pesèrent sur les débuts de ce mouvement. En 1830, le banquier et gentilhomme campagnard Henry Drummond s'engagea en finançant l'impression de bibles : par l'étude commune du texte sacré, les croyants voulaient se préparer au retour de Christ. L'avocat John Bate Cardale avait lu les rapports contradictoires concernant les guérisons et les prophéties. Souhaitant se faire sa propre idée de la situation, il s'était rendu en Écosse, accompagné de deux médecins.

Convaincu par ce qu'il y avait appris, il s'en était porté garant dans la presse, sur la foi de sa bonne réputation.

C'est ainsi que John entra en contact avec le mouvement apostolique naissant. A la suite de plusieurs prophéties, John fût désigné comme le premier apôtre de cette nouvelle ère, et exhorté à dispenser le Saint-Esprit.

Le cercle des apôtres s'agrandit, et ensemble ils éditèrent en 1837 un manifeste adressé à tous les empereurs, rois et dirigeants de la planète. On pouvait y lire ceci :

« ... le dessein de Dieu a été de susciter des Apôtres et des Prophètes, de poser de nouveau les anciens fondements et d'y rebâtir son temple spirituel, pour envoyer de là ses messagers, appeler et bénir ses enfants. »

Les apôtres dispensèrent le don du Saint-Esprit par l'imposition de leurs mains, en vue de préparer les croyants au retour de Christ. Plus tard naquit la « Communauté néo-apostolique », rebaptisée en 1930 « Église néo-apostolique ». Mes grands-parents l'avaient rejointe dès 1924, abandonnant leur religion protestante.

Vingt années plus tard, Opa devenait apôtre de l'Église pour la France, la Sarre, la Belgique et la Suisse. Il y créa plus de soixante-dix nouvelles paroisses, où affluaient des milliers de fidèles. Sous son apostolat, l'Eglise connut un grand essor. Il allait aussi prêcher outre-Atlantique, où Michael l'apôtre du Canada était son grand ami.

Un dimanche d'avril, alors âgé de dix-sept ans, j'accompagnais mon père et son ami Robert, ecclésiaste comme lui, qui allait célébrer un office religieux à Strasbourg. Sur le trajet qui nous menait à l'église, je les entendais discuter de la retraite ministérielle que mon Opa allait prendre ce même mois. Robert s'adressa à mon père : « Il va nous falloir un nouvel apôtre. Tu devrais y songer et en parler à l'apôtre Patriarche » (le chef mondial de cette Eglise).

Mon père lui répondit : « Non, je préfère que cela soit toi qui deviennes le futur apôtre pour la France ».

Mon Opa quitta ce monde en 1980. Un cortège de dizaines de véhicules funéraires ornés de couronnes de fleurs courait sur plus d'un kilomètre de l'église vers le cimetière où un millier de fidèles l'attendaient pour un dernier hommage.

Debout devant sa tombe, j'entendis un verset biblique que prononçait l'apôtre Friedrich :

« *Au milieu de la place de la ville et sur les deux bords du fleuve, il y avait un arbre de vie, produisant douze fois des fruits, rendant son fruit chaque mois, et dont les feuilles servaient à la guérison des nations* ».

Mes deux frères, Norbert et Pascal, mon cousin, Christian, et moi regardions la foule. Comme elle, nous avions été sous l'influence d'un homme d'exception qui nous quittait. Pour nous, il était notre Opa.

J'avais vingt-cinq ans et je savais déjà qu'il marquerait toute ma vie.

Ma destinée semblait toute tracée, étant né au sein d'une famille entièrement vouée à l'Eglise.

Comme ce jour où, alors que j'étais adolescent, mon Opa m'avait offert le privilège de l'accompagner à Paris pour un office religieux devant quelques centaines de fidèles. Beaucoup étaient alors venus vers moi avec des paroles de bienveillance, comme s'ils voyaient déjà en moi la relève.

On me conduisit à être entièrement dévoué à l'Eglise. C'est ainsi que j'appris le chant, la direction d'une chorale, d'un orchestre, le catéchisme et bien entendu les claviers, piano et orgue, et que plus tard je devins prêtre.

Aujourd'hui encore, quarante-cinq ans après sa mort, des fidèles viennent fleurir la tombe de mon Opa.

L'autre face

Un soir comme beaucoup d'autres, je fus réveillé par les cris de mes parents se disputant. Je me levai, et à la porte de la cuisine, je m'apprêtai à bondir : mon père déchargeait sa carabine de six coups automatiques en direction de ma mère, faisant tomber les cartouches une à une sur la chaise.

Le bruit des balles qui claquent se grava dans mon cerveau d'enfant, à jamais. Mon père était ivre. Par miracle, ma mère ne fut pas atteinte, mais il aurait suffi d'un instant pour que tout bascule : allait-elle mourir sous mes yeux ?

La colère de mon père se tournait aussi vers moi et mes frères.

Je ne saurais dire combien de fois, dans l'angle de cet escalier qui montait à ma chambre, je me retrouvai à terre roué de coups.

Cette violence résultait de l'alcool dans lequel il se réfugiait, cherchant à calmer la colère qui ne l'avait plus quitté depuis le décès de ses deux frères.

Pourtant rien ne le prédisposait au drame. Mari aimant, c'était un homme travailleur, dont l'employeur était fier : « Etienne, à ma retraite, tu reprends l'entreprise ». L'une des fiertés de mon père était d'avoir sauvé un bébé dans la Moselle, qu'une mère désespérée venait de jeter par-dessus un pont.

Mais le drame de février 1955 l'avait anéanti, et il s'était senti démuni lorsque son père lui avait demandé de prendre un ministère sacerdotal au sein de l'Eglise. Ses frères décédés y étaient très actifs, et il fallait les « remplacer ».

Cette requête fut une lourde contrariété supplémentaire pour mon père, malgré sa foi. Il tenait beaucoup à son travail de capitaine de chalutier, mais savait que son père ne lui laisserait pas le choix : sa colère en fut encore exacerbée.

Ni ma naissance, ni celles de mes deux frères cadets, ne calmèrent ses démons. On me raconta que, bébé, j'incarnais la douceur, la gentillesse. Parents et grands-parents s'accrochaient à moi, cherchant à se réconforter de leur immense douleur.

Le plus haut dignitaire de l'Eglise, venu auprès d'eux, m'aurait pris dans les bras et prédit une bénédiction toute particulière : ma vie deviendrait consolation.

Pourtant, mon enfance n'en prenait pas le chemin. Ma vie se conjuguait entre enfer et paradis, entre maison, offices religieux, école et centre aéré, entre jour et nuit.

Un soir de Noël, mes deux frères, ma mère et moi étions prêts à nous rendre chez mes grands-parents. L'heure du départ dépassée, notre père demeurait absent. La joie d'un soir de fête laissait peu à peu place à l'impatience, l'agacement et la tension. Dicky, notre chien basset des Ardennes, montrait lui aussi de plus en plus de signes de nervosité.

N'y tenant plus, mon plus jeune frère se dirigea vers la porte d'entrée pour voir si mon père arrivait. Dicky se précipita à sa suite, et lorsque mon frère tenta de l'empêcher de sortir, il lui mordit sévèrement les deux mains. Lorsque mon père arriva enfin, très tardivement, ce fut pour emmener mon frère à l'hôpital. Je ne pus m'empêcher de lui glisser :

« Super cadeau de Noël ! »

Autre Noël, autre frère : mon cadet se faisait une joie de recevoir enfin son cadeau rêvé, une petite voiture télécommandée. Il avait deviné le paquet qui lui était destiné au milieu des autres et que ma mère avait mis de côté pour l'événement.

Notre père tardait à nouveau.

Lorsqu'enfin nous arrivâmes chez les grands parents, il n'y avait plus la petite voiture télécommandée pour mon frère cadet…Probablement notre père l'avait-il apportée dans son « autre famille » et offerte à notre demi-frère.

Nous ignorions alors que notre père avait deux enfants nés d'un autre lit. Sa quête éperdue de réconfort ne l'avait pas conduit que vers l'alcool.

Je ne sais pas quel esprit animait ma mère lorsqu'elle nous menaçait : « Attends ce soir, je le dis à papa ! » ... Comme tous les enfants, nous avions aussi nos moments moins sages. Alors elle mettait sa menace à exécution, sachant pertinemment que mon père rentrerait ivre, et qu'il avait l'alcool méchant.

Dans cette atmosphère chaotique, l'adolescence s'annonçait compliquée.

Engagé dans l'Eglise auprès de mon Opa, mon père avait dû abandonner son poste de capitaine de chalutier. Puis il avait créé une petite entreprise de plomberie et chauffage, plus compatible avec ses activités religieuses.

Agé de onze ans à peine, j'allais sur les chantiers pour l'aider. Il n'y avait là rien de gratifiant, j'étais sous les ordres rudes d'un de ses ouvriers, à ramper dans les vides sanitaires pour y faire passer les tuyaux.

Un jour, je me brûlai lors d'une soudure au chalumeau. Me voyant sortir du sous-sol en pleurs, mon père me dit : « Fais voir » et ajouta : « ça va passer ». Voyant ma douleur, l'ouvrier me dit : « Viens, je vais te mettre quelque chose. » Il prit de l'huile de mécanique et la versa sur ma brûlure. Au supplice, je pleurai et criai encore plus fort, tandis que les deux compères furent pris d'un fou rire en voyant le résultat de cette très mauvaise plaisanterie …

Le soir venu, avant de rentrer, la halte au bistrot des amis s'imposait, et mon père me laissait seul dans la camionnette.

J'y restais une heure, ou deux ou peut être trois, je ne me souviens plus tant le temps me paraissait long.

J'apprenais la patience, la réflexion, car chaque retour à la maison avait un autre accent.

Un jour d'égarement, alors âgé de treize ans, je me lançai à fond sur ma mobylette vers la route qui menait à la Seille, petit cours d'eau proche de notre maison.

Arrivant sous le pont, voyant sur le côté deux jeunes filles du quartier que je connaissais, je freinais brusquement, voulant arrêter mon rodéo. Malheureusement le bitume venait d'être refait, et recouvert d'innombrables petits cailloux pointus.

Je chutai lourdement. Mon genou, piégé entre le bitume et la mobylette, fut laminé. Mes mains, que j'eus le réflexe de mettre en avant pour me protéger, furent profondément entaillées par une glissade qui me sembla interminable.

Réussissant à reprendre mes esprits, je parvins à revenir à la maison, d'où on me conduisit à l'hôpital pour être opéré pendant plus de six heures. Aujourd'hui encore j'en garde les stigmates, la paume de ma main droite étant plus petite que la gauche.

Une nuit d'enfer, notre mère demanda à mon frère cadet et moi-même d'aller chercher notre père au bistrot. Il n'était plus capable de rentrer seul. Frustré de ce rappel à l'ordre et noyé dans l'alcool, il se mit dans une colère noire.

Mon frère, alors âgé d'une quinzaine d'années et usé par trop d'années de violence, prit mon père par le cou, et ne le lâcha que lorsque son visage vira au bleu.

A l'âge de dix-sept ans, je dus prendre en main le budget familial, et donc la gestion administrative de l'entreprise : factures, comptabilité et trésorerie - du moins ce qu'il en restait pour que la famille puisse se nourrir. Je devenais adulte avant l'âge.

Chaque dimanche, alors que nous venions d'endurer une semaine indescriptible, notre famille - digne d'une dynastie religieuse - apparaissait auprès des fidèles comme exemplaire. Beaucoup montraient de la révérence à notre égard. A chaque office religieux, nous priions : « Pardonne-nous nos offenses comme nous pardonnons à ceux qui nous ont offensés » et reprenions l'enseignement « Tu aimeras ton prochain comme toi-même ». Je ne sais ce qu'il me reste de cette conviction ou éducation religieuse, mais je sais que le pardon est une de mes forces.

Le centre aéré était pour moi un refuge, une échappatoire à mon quotidien. J'y fabriquais de mes mains des paniers en rotin, que je trouvais beaux : cela me rendait heureux pour quelques heures.

Nos parents nous interdisaient le cinéma. Un après-midi au centre aéré, un film pour enfant allait être projeté, et je décidai de déroger aux ordres des parents. Mon petit frère de sept ans m'accompagnait ce jour-là : je dus lui demander de m'attendre à l'extérieur, assis sur un muret, le temps de la séance. Ma soif d'évasion, de découvrir, était tellement grande que j'étais prêt à tout, y compris d'abandonner mon petit frère… qui effectivement m'attendit tout ce temps.

Mes seuls souvenirs heureux en famille sont ceux de vacances furtives. Un jour, mes parents nous emmenèrent au Cap d'Antibes, où mon père avait loué une villa ! Un événement, à l'opposé de notre quotidien…

Je vois encore les grands palmiers qui entouraient la villa, je sens encore les essences provençales, et je revois l'intérieur de la villa avec ses meubles de style Napoléon… Mon père fit même l'acquisition d'un petit zodiac et nous fit découvrir les joies de la mer dans cette merveilleuse crique d'Antibes. Lorsqu'il n'était pas sous l'emprise de l'alcool, il était gentil et serviable.

Nous avions auprès de nous celui que l'on surnommait le tonton Secula. Ami de mes parents et grands-parents, ce ferrailleur avait fait fortune après-guerre. Vu son statut de grand donateur à l'Eglise, il se permettait quelques dérogations aux ordonnances ecclésiales. En effet, toutes influences extérieures auraient pu nuire à l'épanouissement de la foi, comme aller voir des films…Mais lui, en catimini, invitait toute la famille pour regarder Laurel et Hardy dans son salon. C'était une nouvelle petite évasion. De retour d'un voyage aux Etats-Unis, l'incorrigible tonton Secula m'offrit un revolver colt jouet, plus vrai que nature. Ce pastiche me servirait, un jour…

Mon frère cadet et moi prenions des cours de piano chez une vieille dame acariâtre qui, à chaque fausse note, nous frappait violemment les doigts avec une règle en bois.

Je promis à mon frère que pour le prochain cours j'aurais dans ma sacoche le revolver colt et que les coups allaient cesser. A la séance suivante, mon frère se mit au piano et immanquablement, la fausse note arriva.

Mais cette fois-ci, à peine surgie la règle en bois, je visai la vieille professeure avec mon colt ! Cet épisode fut suivi d'une exclusion définitive des cours de piano, sous les coups des parents.

Mes rares moments de consolation m'étaient offerts par mes grand-mères, notamment paternelle « Oma », qui n'hésitait pas à insulter son mari ou son fils en alsacien lorsqu'ils dépassaient les bornes. Comme : « Wann i di gseh, chönnt i uf'm Rück vu am schmutziga Sau loszfahre. » qui veut dire : « Lorsque je te vois, je pourrais partir sur le dos d'un sale cochon ! » ... Un bout de femme incroyable, qui essayait de tenir tout son monde.

Elle avait surmonté l'immense souffrance de la perte brutale de deux de ses fils, et la crise cardiaque qui s'en était suivie. Ce qui ne l'empêchait pas d'être hyperactive, recevant souvent toutes les personnalités religieuses que mon Opa conviait pour des réunions ou repas. Elle n'hésitait pas à mettre son « grain de sel » sur la direction de l'Eglise.

Lorsqu'elle se rendait à l'office religieux, sa place au premier rang était réservée. Elle était comme une princesse avançant dans une cathédrale. L'office terminé, elle n'hésitait pas à saluer les uns et les autres, et lorsqu'il le fallait, formuler quelques recommandations ! Bien entendu, elle était une « reine mère » auprès de la famille, et avait même son mot à dire auprès des collaborateurs de mon Opa, qui officiait dans un bureau situé au rez-de-chaussée de la maison familiale.

A la fin de l'adolescence, je rejoignais parfois mes grands-parents paternels sur leur lieu de vacances, pour y passer quelques jours.

Tels des oiseaux migrateurs, ils se rendaient immuablement en Alsace, à l'hôtel du Cheval Blanc, dont la table était très reconnue. Marcher seul avec mon Opa, dans cette forêt de pins jonchée de rochers d'ocre rouge, aux allures de Colorado américain, jusqu'à une petite rivière transparente dans laquelle frétillaient les truites, était un moment privilégié.

Les propriétaires de l'hôtel-restaurant étaient devenus des amis de mes grands-parents. Un soir à dix-neuf heures tapantes, l'heure du dîner venait de sonner et nous rejoignîmes la table ornée d'une nappe blanche et de couverts en argent.

Le rituel était toujours le même : le repas - extrêmement copieux - devait être dégusté avec distinction. Je m'assis, parfaitement droit sur la chaise. Ici pas de coudes sur la table, et surtout je ne pouvais prendre la parole que si l'on m'y invitait.

Arriva la patronne : « Qu'il est mignon le petit, sage et il a tout mangé ! » s'étonna-t-elle.

Avec mes grands-parents, il n'était pas question de laisser quoi que ce soit dans l'assiette…cela ne se faisait pas. Alors, pour me récompenser de mon assiette vidée, elle ne trouvera rien de mieux que de revenir avec une Dame Blanche, ce fameux dessert se composant de glace à la vanille nappée d'une sauce au chocolat chaud et de crème fouettée. Mais j'étais au bord du gouffre, mon ventre me faisait mal, j'avais trop mangé, comme souvent à cette table.

Je priai ma grand-mère d'intervenir auprès de Opa pour je puisse me lever de table. « Oui, lorsque tu auras fini » …

Dès le dessert « torture » avalé, je me précipitai aux toilettes pour un mémorable vomissement.

Il arrivait également que je rejoigne mon unique cousin lorsqu'il était en vacances chez mes grands-parents. Nous jouions au ballon dans la cour de la maison, même si pour mon cousin intellectuel, ce n'était pas d'un grand intérêt…

Sa mère l'éduquait également dans la lignée familiale : « être le premier de la classe et exemplaire au sein de l'Eglise ».

Elle voulait aussi qu'il soit le meilleur entre tous. D'ailleurs, âgé seulement de quatorze ans, il obtint le premier prix d'orgue du conservatoire de Strasbourg, où il vivait avec sa mère et son beau-père.

Ce qui lui valut de donner des concerts d'orgue de très haut niveau à l'église Néo-Apostolique de la ville.

J'avais moins d'attache avec ma grand-mère maternelle, même si elle était omniprésente au sein de notre foyer pour aider ma mère dans ce fatras familial.

Je laisse le lecteur imaginer ces moments, qui nous semblaient ne devoir s'arrêter que lorsque nous quitterions le toit paternel.

Le mal-être et les maux de ventre confirmaient cette existence difficile.

J'écrivis alors ma première poésie :

Délivrance

Le soir grondait si fort
Sous l'oreiller mon transistor

Les coups de la nuit retentissaient
J'accrochais mon oreille aux sons qui naissaient

Les bruits de la vie s'étouffaient
Mon transistor de mélodies me délivrait

Au sein de la chorale s'élevait l'unisson
S'éteignaient toutes querelles et divisions

Des larmes de tristesse, de solitude
Remplacées par des mélodies de plénitude

D'un instant de piano, d'orgue ou de chant
Mon âme exaltait le ciel où résonne le chant

Je voulais quitter la Terre, rejoindre le ciel
Là où seuls la musique et le chant sont sans pareil

Donne à l'Homme, spiritualité et humanité
Lorsqu'il ne reste rien, la musique fait l'unanimité

Mon père se rendait souvent dans un bar de nuit, arrivant au volant de sa Plymouth Fury 3, une belle voiture américaine, laquée noire, chromes rutilants, intérieur cuir rouge, que mon Opa lui avait donnée. Le tenancier n'hésitait pas à profiter de l'état de mon père : le champagne coulait à flots et après deux ou trois verres, il vidait le reste de la bouteille dans le seau, de sorte que la facture s'alourdissait rapidement. Prétendant être son ami, il lui disait : « Etienne ne t'inquiète pas, je mettrai l'addition sur ton compte ».

Jusqu'au jour où le compte se transforma en voiture : le tenancier finit par récupérer la belle américaine, ravi de pouvoir ainsi se pavaner en ville.

Quant à moi, j'avais maintenant dix-huit ans et mon permis de conduire. Depuis six mois, je travaillais à la banque et étant sous le toit paternel, je versais l'intégralité de mon salaire à la famille. Mais ce jour-là, mon père ayant des accointances avec un concessionnaire automobile me dit : « Viens, on va acheter ta voiture ».

Je n'y croyais pas ! J'allais avoir ma première voiture ! Mais la joie fut de courte durée. Une fois le modèle choisi, au moment de remplir les papiers, mon père fit mettre la voiture au nom de ma mère…

Au milieu de ce capharnaüm, il y avait mon grand-père maternel. Il était grand, j'imaginais alors qu'il pourrait être protecteur. Toujours discret, il faisait tout ce qu'il pouvait pour aider ma mère au jardin et autres tâches.

Un jour ma mère lui demanda de ramoner la cheminée. Ce qu'il fit, mettant les cendres dans une grande poubelle, sur laquelle il posa un couvercle.

Prenant sa mobylette où il avait attaché une petite remorque, il y posa la poubelle pour la porter à la décharge. Me voyant le regarder faire, il me proposa de l'accompagner.

Je m'installai donc au fond de la remorque, derrière la poubelle. Sur le trajet, les remous soulevaient régulièrement le couvercle, et je revins de cette petite expédition, entièrement recouvert de suie ! Noir comme un ramoneur. Mais cette noirceur-là, contrairement aux nombreux moments sombres de notre vie, fut accompagnée d'éclats de rire.

Au milieu de mon adolescence, ma mère décida de travailler comme vendeuse dans un magasin de jouets, pour « mettre du beurre dans les épinards ».

Petit à petit, elle se mit en tête de prendre son indépendance, et de sortir ses enfants des difficultés familiales. Soutenue par sa patronne, elle rechercha un logement : elle se sentait prête à franchir le pas.

Se conformant au fonctionnement patriarcal de la famille, ma mère s'adressa à mon Opa. C'est à lui que chacun devait impérativement en référer lorsqu'il y avait une décision importante à prendre. Ce que je ne manquai d'ailleurs pas de faire, plus tard, lorsque je décidai de me marier.

Ma mère lui exposa certainement ses arguments : la déchéance de mon père, sa violence, la précarité dans laquelle il avait plongé la famille... Je devine que mon Opa lui répondit qu'il comprenait, mais qu'un divorce n'était pas envisageable compte tenu de la place de la famille au sein de l'Eglise.

Il prierait pour elle, Dieu ne l'abandonnerait pas et lui donnerait les forces nécessaires pour surmonter les épreuves de la vie…

La bataille de ma mère fut donc vaine. La religion, la dynastie, et je ne sais quels arguments que je n'ai pas entendus, la conduisirent à se résigner.

Le sentiment d'échec fut à la mesure de l'enjeu de mettre enfin ses enfants à « l'abri » : immense.

Même une fois le foyer paternel quitté pour construire ma propre famille, des vagues submersives m'atteignaient, et chaque dimanche auprès de mes parents me laissait encore des séquelles.

Un miracle s'opéra à la naissance de Laure, ma fille aînée. Mon père s'apaisa, guérissant de son alcoolisme.

Il entama une relation étonnante de tendresse avec sa première petite-fille.

Un dimanche matin de 2004, alors que les fidèles s'affairaient pour partir à l'église, je passai un dernier instant au reposoir, seul avec mon père décédé la veille. Au fond de moi, j'étais heureux pour lui : enfin ses souffrances avaient cessé. Aucun de ceux qui, au lieu de l'aider, l'avaient enfoncé, ne pourrait plus lui nuire.

C'était pour moi le moment de lui dire mon pardon !

Le dernier acte de cette « dynastie » se termina donc avec les obsèques de mon père. Aux côtés de Brigitte, j'étais assis au premier rang de l'immense église remplie de centaines de fidèles.

J'écoutais l'homélie en hommage au défunt, lorsque dans l'assistance mon frère cadet tonna d'une voix forte :

« Cela suffit ! »

Une page de très nombreux « cela suffit ! » se tournait.

Le rock n'roll

En avril 1964, le 43e régiment blindé d'infanterie de marine d'Offenburg en Allemagne accueillait une nouvelle recrue pas comme les autres : Jean-Philippe Smet, plus connu sous le nom de Johnny Hallyday.

Huit années plus tard j'étais appelé à faire mon service militaire dans ce même régiment : j'avais maintenant 18 ans.

Nullement prêt à faire le zouave dans la boue et à écouter les hurlements d'un caporal revenant d'Indochine, je mis en avant mes qualités de musicien.

Il y avait dans cette caserne un orchestre de bal, qui avait accompagné Johnny Hallyday.

Je me retrouvai donc au même endroit, dans la même salle de répétition que le « Taulier », où je fus pris comme organiste, puis saxophoniste.

Je découvris un autre monde et surtout le rock n'roll qui, loin de la musique classique et religieuse que je pratiquais jusqu'alors, allait m'ouvrir de nouveaux horizons, musicaux d'abord.

Les grands soirs de fêtes militaires, nous tenions l'orchestre de bal devant les officiers et leurs invités. Je chantais et jouais entre autres :

« Pas de boogie woogie, avant la prière du soir… » (Eddy Mitchell)

Petite révolution ou grande liberté ?

J'y vécus aussi mes seuls instants de jeunesse.

Un jour nous partîmes à Stuttgart pour trois jours, afin d'y jouer sur divers podiums pendant la fête de la bière. Séduites par nos costumes de parade, les « Mädchen » arrachaient nos épaulettes dorées et nous embrassaient, tandis que l'on mettait dans mon saxophone baryton une bouteille de vin blanc.

L'adjudant-chef m'interpella : « Comme vous êtes le seul à parler allemand, allez chercher vos collègues qui ont été embarqués par les fêtards ». Le succès que rencontraient mes amis rendit ma tâche impossible, et je dus retourner dire à mon adjudant-chef la déroute de notre orchestre… Alors que nous devions nous produire une dernière fois juste après Rika Zaraï, nous n'atteignîmes jamais le podium, tant les festivaliers avaient réussi à détourner « l'armée Française » !

Principal représentant de la musique des forces françaises en Allemagne, notre orchestre était sollicité à travers tout le pays lors de grandes manifestations ou démonstrations militaires. Un jour mémorable, je jouai du saxophone en solo devant un maréchal de l'armée russe ! Un autre grand moment fut l'enregistrement d'un disque trente-trois tours de musique militaire, réunissant l'orchestre et la fanfare dans un studio à Strasbourg.

L'hypothèse d'une carrière artistique se dessina en moi pour la première fois. Avec ma voix de cinq octaves, j'étais capable de chanter du soprano en voix de fausset jusqu'au contre ut.

A la fin de mon service militaire, je rentrai chez moi, bien décidé à m'évader de cet environnement qui ne me correspondait pas.

Une amoureuse, Béatrice, m'attendait : c'était la fille d'un des prédicateurs reconnus de l'Eglise pour la région du Sud-Ouest. Je l'avais rencontrée au cours de l'été 1976, au camping où ses parents et leurs amis pratiquants se retrouvaient chaque année.

A mon retour de l'armée, je lui déclarai ma flamme :

- « Souhaites-tu te marier avec moi ? »

- « Oui ! »

Et j'ajoutai cette incroyable phrase :

- « Merci ! Mais soyons d'accord, Dieu passera en premier ».

Folie ou foi ?

Je ne savais pas que pour elle c'était aussi une évasion, l'histoire racontée plus loin nous le dira, qu'elle avait aussi besoin de cicatriser ses plaies et recherchait l'amour.

Je lui avais proposé de devenir mon épouse et de fonder un foyer pour construire une autre vie.

Mais ce qui m'attendait n'allait pas être du tout « rock n'roll ».

Toujours Dieu

Je me rappelais la raison d'être de mon Opa. Il me fascinait littéralement. Les croyants le suivaient comme un seul homme, vers un destin spirituel auquel lui-même était entièrement voué. Je m'inscrivis alors dans sa lignée, en m'investissant très fortement au sein de l'Eglise.

Comme dans beaucoup de mouvements évangéliques, les prêtres et les pasteurs ont également une vie professionnelle laïque. Après un stage d'été dans une banque, j'avais passé le concours qui était proposé pour y décrocher un poste. Je n'étais pas attiré par ce métier, et j'avais bien plus envie de poursuivre mes études …

Mais j'ai cédé à l'insistance de mes parents, pour qui une carrière de banquier était « la voie royale ». Je décidai tout de même de poursuivre mes études en parallèle. Je voulais me préparer un autre avenir, qui correspondrait mieux à ce dont j'avais besoin pour panser mes blessures d'enfance.

En 1976, un événement marquant allait impacter le cours de ma vie. Albert Spaggiari dit « le Cerveau » et sa bande réussirent le « casse du siècle » à Nice. Passant par les égouts, ils parvinrent à accéder à la salle des coffres de la Société Générale. Ils passèrent le week-end à les vider avant de repartir par où ils étaient arrivés, échappant totalement à la police.

Après cet épisode, la banque décida de restructurer l'agence principale de Nice, en en créant une autre à l'Ouest de la ville, ce qui ouvrait un recrutement.

J'étais à l'époque en poste en Lorraine, et j'y vis une nouvelle opportunité d'évasion : je décidai de postuler.

Coïncidence, à la même période, l'évangélisation conduite par l'Eglise battait son plein. Il fallait accroître sa représentation dans le sud de la France. On me proposa d'ouvrir une nouvelle église à Cannes, en même temps que je reçus ma mutation à la nouvelle agence de la banque à Nice.

C'était l'occasion de tourner une page : je partis avec ma petite famille sous le bras, direction le sud ! Volonté divine, ou évasion réussie ? Folie, ou mimétisme ?

Folie de tout quitter, alors que nous avions mon épouse et moi un bon travail en Lorraine, et une jolie maison dans un village paisible.

Mimétisme de vouloir faire prospérer l'Eglise, sur les traces de mon Opa. Ma vision de l'évangélisation du sud de la France était moderniste : j'y voyais une opportunité de rajeunir l'Eglise. Je prêchais de Nice à Cannes, de Nîmes à Marseille, de Toulon à Martigues, d'Ajaccio à Bastia. Je m'entourais de toute la jeunesse du mouvement, impulsant une Eglise ouverte, solidaire, joyeuse et futuriste.

Je fus le premier à célébrer des mariages œcuméniques. Un jour, une jeune fille me demanda si je pouvais faire une bénédiction nuptiale, son mari étant protestant et elle, catholique.

J'estimais qu'il ne fallait jamais refuser une demande issue du cœur, même si la demande émanait de croyants d'autres confessions. La cérémonie eut lieu en l'église Saint François d'Assise à Port Grimaud.

Ce jour-là, ils arrivèrent en barque, l'un des pontons donnant sur la mer. Le grand orgue accueillit le jeune couple et la famille. Devant un parterre de non-croyants, de catholiques, de protestants, je célébrai les noces, le pasteur protestant de la paroisse assis à mes côtés. Le père du marié étant architecte, je m'appuyai sur l'importance de construire un temple de cœur, où pourrait se réfugier la jeune famille en devenir.

Le mariage le plus inhabituel que je célébrai fut celui d'un garçon catholique à une jeune fille juive.

Lors d'inondations du côté de Nîmes, les jeunes de l'Eglise organisèrent une récolte solidaire sur toute la région, afin de distribuer vêtements et nourriture aux sinistrés.

L'opération fut un tel succès que les dons dépassèrent les besoins, et le surplus fut envoyé en Afrique.

Des moments de solidarité plus spirituels eurent lieu, comme l'hommage aux victimes du barrage de Malpasset. En 1959, la rupture de ce barrage avait causé la mort de plus de quatre cents personnes. Près de vingt ans après, nous nous rendîmes sur les lieux du drame, où la chorale de plus de soixante jeunes chanteurs fit vibrer des chants en hommage aux défunts.

Je voulais apporter une touche joyeuse aux jeunes fidèles de cette Eglise un peu rigide. Avec l'un d'eux, mon ami Robert, pianiste et compositeur, et une équipe de jeunes filles douées pour l'écriture, nous composâmes une comédie musicale sur le thème de « Naomi et Ruth ».

Elle reposait sur l'histoire suivante : fuyant la famine dans l'ancien royaume d'Israël, Naomi s'était réfugiée au pays de Moab (actuelle Jordanie) avec son mari et ses deux fils. Son mari mourut dans ce pays.

Ses fils épousèrent deux Moabites, Ruth et Orpah. Une dizaine d'années plus tard, ses deux fils moururent à leur tour, laissant dans la douleur leur mère et leurs deux épouses.

Un jour, Naomi résolut de rentrer en Israël. Ruth et Orpah, qui ne voulaient pas se séparer d'elle, la suivirent. Après que nos voyageuses eurent fait un bout de chemin, Naomi dit à ses belles-filles : « Rebroussez chemin ! Allez habiter chacune chez votre mère ». Puis Naomi leur dit adieu en les embrassant. Alors les deux jeunes femmes fondirent en larmes et lui dirent :

« Non ! nous voulons aller avec toi vers ton peuple ».

Mais Naomi leur répondit :« Retournez chez les vôtres, mes filles ! Vous serez mieux chez vous. » Orpah prit le chemin du retour, Ruth resta. Naomi dit alors à Ruth : « Vois, Orpah s'en est retournée. Va avec elle ». « Ne me presse pas de te quitter », lui répondit Ruth. « Laisse-moi aller avec toi ». « Où tu iras j'irai, où tu habiteras j'habiterai.

Ton peuple sera mon peuple et ton Dieu sera mon Dieu. Là où tu mourras, je mourrai aussi. »

Cette parole resta gravée en moi comme l'une des plus belles déclarations d'amour que l'on puisse faire, et c'est elle qui inspira la création de notre comédie musicale.

Elle fut interprétée par la chorale des jeunes du Sud-Est de l'Eglise, au Palais des Congrès et de la Musique à Strasbourg, devant un parterre d'une jeunesse venue de toute la France ! Ce fut un grand succès.

Robert, âme d'artiste, généreux, resta un ami pour la vie.

Un peu plus tard, à l'été 1987, des jeunes de l'Eglise venant de toute la France se retrouvèrent pour un office religieux que je célébrais en compagnie de mon ami le prêtre Max venu d'Allemagne, au Théâtre de plein air Jean Cocteau à Cap d'Ail.

« Fondé en 1952 par Jean Moreau, le Centre méditerranéen d'études françaises est un centre d'apprentissage des langues, imaginé comme un lieu de rencontres culturelles et artistiques franco-allemandes.

Dans le contexte de réconciliation de l'après-guerre, il s'agissait de favoriser les échanges et de s'appuyer sur la culture pour rapprocher les jeunes. Des personnalités du monde de l'art, de la musique et du théâtre étaient régulièrement invitées à se produire devant les étudiants, ou à assister aux représentations. En 1957, à l'occasion d'une représentation théâtrale, le directeur invita Jean Cocteau, qui résidait régulièrement à Saint-Jean-Cap-Ferrat dans la villa Santo-Sospir.

Ce dernier accepta et fut conquis par le lieu et l'expérience, si bien qu'il proposa de dessiner et de créer un théâtre adapté au site. »

Dans cet écrin de verdure, nous vécûmes un moment hors du temps. La foi, les chants et la joie marquèrent profondément ces instants pour toute notre vie.

Max était aussi un éminent chercheur en informatique, reconnu en Allemagne et au-delà. Il est resté depuis ce jour un ami fidèle.

Mon ami Alain, l'apôtre pour la France à l'époque, me rejoignait parfois. Nous aimions nous promener et méditer ensemble autour du phare de Cap Ferrat. A partir du Jardin de la Paix, nous suivions le sentier qui invite à la découverte des richesses du patrimoine littoral de ce site classé.

Sur les hauteurs des falaises, les villages pittoresques d'Eze et de la Turbie se détachaient, tandis qu'en contrebas, la commune de Cap d'Ail se dessinait le long du littoral. Alors j'entendis Alain reprendre celui qui était sa référence, Saint Paul :

« *Quand j'aurais le don de prophétie, la connaissance de tous les mystères et de toute la science, quand j'aurais la plus totale, celle qui transporte les montagnes, s'il me manque l'amour, je ne suis rien* » (épître aux Corinthiens).

Tout cela était donc ma relation avec Dieu et cette jeunesse qui m'entourait devenue « fan ».

Mais je finis par quitter l'Eglise, étant de plus en plus éloigné de la doctrine que les dirigeants y imprégnaient.

Un dernier échange avec l'apôtre René se résuma par ces paroles : « Tu es un idéaliste, or l'idéaliste n'arrive jamais à rien ».

Je lui répondis : « Il me semblait que la Foi était un idéal ? »

J'avais embarqué avec moi ma petite famille dans cet épisode de vie, pétri de certitude que c'était la « voie » pour panser nos blessures. Alors que je me croyais « sorti d'affaire » en ayant ma propre famille, je lui imposais mon sacerdoce. Entre ma vie familiale, professionnelle et religieuse, le temps était comprimé. En effet, la journée j'allais à mon travail, dès que je pouvais, je me consacrais en parallèle à des études supérieures.

Le soir après le diner, je partais souvent m'occuper des familles de la paroisse, ou encore une répétition de chorale, le tout ponctué par tous les dimanches entièrement dévoués à l'Eglise.

Était-ce pour échapper à mes ressentiments ? Sincèrement j'imaginais pouvoir aider, aimer, servir chacun.

Mais cela provoqua un véritable malaise familial. Je me trouvais à nouveau plongé dans les cris, les disputes. J'avais l'impression de revivre l'enfer de mon enfance.

Les blessures de mon épouse Béatrice étaient aussi nombreuses, elle avait notamment subi un viol par l'un de ses proches dans sa jeunesse.

Dans tout ce fatras, nous avions deux merveilleuses filles, Laure et Caroline. Les accompagner à leurs compétitions de natation était toujours pour moi un précieux moment de respiration. Caroline jouait de la batterie.

Elle nous emmenait ainsi vers le monde musical, cet autre monde dont je rêvais toujours secrètement. L'été 1992, j'ai emmené Laure assister à un concert de Patricia Kaas à Monaco. Un moment fort puisque pour elle comme pour moi, c'était le premier concert de notre vie ! J'ai malheureusement eu peu de temps à consacrer à mes filles, mais nous avons partagé des moments d'amour et de complicité d'une grande intensité.

Au-delà du temps que je consacrais aux autres, j'avais aussi un rapport particulier à l'argent. Comme si mon pastorat ne suffisait pas, je venais en aide financièrement aux plus démunis, entraînant parfois des difficultés pour ma propre famille. Pour compenser, je travaillais encore plus.

J'étais alors patron d'une agence immobilière, et d'un cabinet de syndic gestionnaire d'une marina.

Jusqu'à ce jour où je tins ma promesse de diminuer mes activités pour réaliser un grand rêve familial : l'été 1998, nous partîmes pour un road trip de quinze jours dans l'Ouest américain.

J'avais enfin deux semaines à consacrer entièrement à ma petite famille ! Rien ne serait trop beau ni trop grand pour elle.

San Francisco nous accueillait, au pied de la maison bleue et le cable car (tramway local) nous offrait l'évasion. Puis sur Hollywood Boulevard à Los Angeles, nous nous prenions pour des artistes, cherchant sur le Walk of Fame nos empreintes et étoiles parmi les célébrités.

L'excitation fut à son comble en arrivant à Las Vegas, mais ce ne fut rien à côté de notre balade dans la Death Valley. Le thermomètre de la voiture indiquait 50°C, et nous nous sentions minuscules dans cette nature bien plus puissante que nous. Au lac de sel, Laure tenta d'aller un peu plus loin, et sous l'immense chaleur nous la vîmes revenir comme un peu saoule.

Je me souvins alors d'une de mes poésies :

Au loin

Un désert s'ouvrait devant moi
Le sol brûlant me mettait en émoi

Un soleil ardent chauffait ma tête
Ébloui, une lueur me mit en fête

Au lointain j'imaginais une oasis
Y trouver de l'eau pour y rester assis

Tant de contrées traversées
Autant d'âmes esseulées et transpercées

Devoir se cacher du soleil
Se dérober au regard sans pareil

Une lueur me mit en fête
Au loin une fille en fête

Le désert devint oasis à sa rencontre
Et pour tous ceux qui la rencontrent

Rester assis à l'écouter
Ma fille, mon oasis, que l'on ne peut qu'aimer !

Notre boucle se termina par la visite des studios Disney… c'eût été une belle fin de voyage, si ma carte bleue n'avait pas, à ce moment-là, cessé de fonctionner.

S'ensuivirent des hurlements de mon épouse, présageant de l'anéantissement complet de mes efforts pour réaliser ce voyage.

Au retour, alors que nous étions encore dans l'aéroport, valises à la main, elle m'annonça qu'elle voulait divorcer. Je compris que nos cicatrices d'enfance étaient encore béantes, que tout ce que j'avais mis en œuvre ne suffisait pas ou n'était pas approprié. Le jour de la séparation arriva et je l'aidai à déménager.

Dès qu'elle fut installée dans son appartement avec nos deux filles, je me retrouvai seul sur le trottoir avec une valise. A quarante-quatre ans, je venais de devenir SDF.

La veille, je courais encore vendre ce qui me restait - une voiture neuve acquise six mois plus tôt, et en apportais le gain à Béatrice pour subvenir aux besoins des enfants.

J'entends encore Caroline dire à sa mère :

« Mais que va devenir papa, où va-t-il dormir ? »

Infortunes

Quelque temps avant le divorce, pour répondre à la demande de mon épouse d'être plus présent pour ma famille, j'avais cédé l'agence immobilière et le cabinet de syndic. Il me fallait donc inventer une nouvelle activité.

Le travail, la créativité, la communication, l'humanité, étaient mes moteurs. J'imaginais alors réussir en entreprise, en innovation, pour faire fortune et venir en aide aux défavorisés. Une première opportunité se présenta à moi.

J'avais l'idée de créer un nouveau concept de résidence médicalisée. Je la proposai à deux médecins, rencontrés au cours de ma carrière dans la banque.

Ils se montrèrent si enthousiastes que je décidai de quitter le secteur bancaire, pour me lancer dans l'aventure de l'entreprenariat.

Spécialisé dans le montage de financement d'entreprises, je mis mes connaissances au service de mes deux associés. Ensemble, et grâce à l'obtention d'un prêt bancaire conséquent, nous jetâmes notre dévolu sur l'acquisition du Château Peyrouas, une belle demeure du Var. Après travaux, transformation et construction d'une nouvelle aile, ce lieu pourrait offrir soixante-dix chambres médicalisées.

Les architectes, entreprises et artisans s'activaient sur le projet. Il ne manquait plus que l'autorisation des pouvoirs publics de dispenser les soins aux futurs résidents.

Pour l'obtenir, nous avions déposé un dossier complexe auprès de la préfecture du Var. Je voyais se profiler une belle aventure entrepreneuriale et humaine après quelques années comme banquier... Mais un jour, j'eus la surprise de recevoir un appel de l'inspecteur en charge du dossier d'autorisation, avec qui j'avais déjà échangé à plusieurs reprises : « Venez à Toulon, j'ai besoin de vous voir ». Dès mon arrivée, il m'expliqua :

« Vous n'aurez pas l'autorisation. Un dossier identique intitulé « Les mille feux » a été déposé huit jours avant le vôtre, et nous donnerons l'autorisation au premier arrivé. » Invraisemblable … Ce fut ma première grande déconvenue d'entrepreneur. Je lui rétorquai que c'était impossible. Devant mon insistance, il me proposa : « Je vais quitter mon bureau deux minutes. Vous voyez les deux dossiers sur ce meuble ? Vous pourrez les feuilleter rapidement, puis je reviendrai, et je n'aurai jamais quitté mon bureau. »

Lorsqu'il revint, j'étais blême. Comment était-ce possible ? Une photocopie intégrale de mon dossier, avec les dates et noms modifiés… Aussitôt, je fonçai voir mes avocats, qui m'expliquèrent qu'il s'agissait d'une pratique mafieuse avec une couverture politique… J'entrais dans une autre dimension. Bien décidé à ne pas me laisser faire, j'entendis cette phrase invraisemblable : « Il y en a qui ont fini dans un accident de voiture ».

Je décidai ensuite d'aller voir mon ami sénateur José pour lui expliquer l'histoire. Il eut sa mine des jours sombres, et me répondit :

« Cela n'existe pas ».

Le lendemain, je reçus la visite d'un émissaire, promoteur immobilier bien connu, qui me raconta qu'il pouvait reprendre le dossier, que tout s'arrangerait si j'acceptais une certaine somme d'argent. J'envoyai tout le monde paître.

Dans le même temps, la banque qui m'avait accordé le crédit m'attaqua pour escroquerie, ce qui me valut un procès que je perdis.

Le procureur requit une peine d'un an d'emprisonnement pour avoir mis en place un financement sans avoir obtenu l'autorisation administrative obligatoire, ce qui pour moi était une simple formalité. Mais lui voulait en faire un cas.

Cette après-midi interminable au tribunal, défilaient des délits de vols, violences, drogues, et enfin une histoire pas comme les autres, ce qu'il appela un « crime en col blanc ».

« Voici un homme bien sous tous rapports, jamais condamné, nous racontant une histoire invraisemblable pour se disculper, comme s'il était possible de mettre en place un financement sans l'accord de la banque et des autorités… voyez-vous, avant lui nous avons condamné sévèrement pour des petits larcins. Il mérite plus qu'eux : il n'y a aucune raison que nous croyions à son histoire ».

C'était un cauchemar, une injustice incroyable, d'autant plus qu'il n'y avait eu aucun vol, et que la banque avait revendu mon projet et le financement adossé, avec un bénéfice.

Le juge d'application des peines, trouvant la sanction disproportionnée, mit en place le régime de semi-liberté. C'est ainsi que la journée, je travaillais, et lorsque je le pouvais j'allais voir mes enfants. Le soir, je rentrais dans ce sinistre endroit qu'est la prison pour y passer la nuit. Il y avait là un chef maton.

Quand il sut mon histoire, il me prit en sympathie et fit tout pour que je puisse être seul en cellule. Mais le bruit des clefs, le claquement de la porte m'enfermant pour la nuit, l'injustice totale dont j'étais l'objet, me heurtèrent très profondément et pour longtemps. On me forçait à boire un calice amer jusqu'à la lie.

Quelques années plus tard, en juin 2000, j'apprenais dans les journaux, comme chaque citoyen, que le Président de cette Région était condamné par le tribunal correctionnel de Toulon à trois ans de prison ferme et quatre millions de francs d'amende pour recel d'abus de biens sociaux, et recel d'abus de confiance dans l'attribution d'importants marchés publics entre 1982 et 1997… mince consolation.

Je réfléchis alors à la manière de trouver un nouveau concept lié à mon ancien métier de banquier. J'avais compris que les banques avaient une problématique de haut de bilan. Les fonds de pensions américains n'étaient pas encore à l'œuvre que déjà j'imaginais que les banques allaient « vendre » leurs créances.

Ces organismes financiers gérant des retraites par capitalisation étaient amenés à intervenir sur les marchés financiers. C'est dans ce cadre qu'ils rachetaient des créances auprès des banques, permettant notamment à ces dernières, durant le début les années 2000, de se débarrasser partiellement des mauvais risques.

Je fis le tour des banques régionales, personne ne comprit ce que je leur proposais. Je montai donc à Paris, aux sièges des banques. Ils comprenaient ma démarche, mais ils souriaient : un gars du sud qui vient leur expliquer l'avenir… pas sérieux pensaient-ils ! Enfin, je rencontrai le président d'une banque privée. Après avoir écouté mes explications, il me dit :

« Vous avez du cran pour venir jusque dans mon bureau me faire la leçon ».

Sur le coin du bureau il y avait un boitier, il appuya sur le bouton, et une voix de femme se fit entendre :

« Oui, Monsieur ? ». « Portez-moi une dizaine de dossiers contentieux du mois »

Me regardant droit dans les yeux, le président me dit : « Si ce que vous dites est vrai, traitez-moi ces dossiers, on se revoit dans un mois ».

Je me rendis chez mon ami notaire :

« Ugo, j'ai besoin d'investisseurs. Je peux leur proposer des rachats de créances bancaires adossées à des garanties immobilières ».

Ma première opération fut le rachat d'un duplex donnant sur les quais de Seine à Paris. Le succès fut fulgurant.

Entre temps, un fonds de pension américain vint pour racheter 100% des créances de la banque. Le président de cet énorme conglomérat américain demanda au président de la banque : « Avez-vous un prestataire extérieur qui s'occupe des créances et du contentieux ? ». Il y avait tout juste trois mois que je venais de prendre en main le contrat avec la banque. Le président lui répondit : « Oui… j'ai un petit prestataire… ». Son interlocuteur acquiesça : « Faites-le venir aujourd'hui ».

Le siège était à Paris, et moi à Nice, alors je pris le premier vol. J'arrivai ventre à terre au siège de la banque vers quinze heures.

« L'Américain » me reçut, et après quelques échanges me dit : « Dorénavant, c'est vous qui allez gérer toutes les créances contentieuses de la banque »

Grâce à ma créativité, j'avais obtenu un marché inimaginable !

Dans mes affaires, je rencontrai alors un éminent banquier parisien, qui me proposa de créer un cabinet spécialisé avec lui pour traiter l'ensemble des dossiers, et nous serions associés. En quelques mois la fortune se dessinait, mais c'était sans compter une grave maladie qui allait m'envoyer tout droit à l'hôpital. Mon éminent associé fit jouer toutes ses relations pour se renseigner auprès de médecins spécialistes sur « mes chances de survie ». Considérant la situation et son investissement financier, il décida de me faire signer, sur mon lit d'hôpital et sous assistance respiratoire, la fin de notre collaboration.

J'avais été précurseur, la fortune se dessinait, mais une nouvelle fois la porte se refermait. A la sortie de mon hospitalisation, je repris contact avec mon ami Gérard, promoteur immobilier, qui grâce un de mes dossiers avait fait une affaire incroyable d'acquisition d'un immeuble à Boulogne Billancourt, lui permettant une marge importante à la revente.

Il me proposa de devenir son associé dans l'une des structures qu'il détenait pour développer son entreprise. Nous nous retrouvions souvent devant le port de Sète, pour boire un verre au soleil, manger des teilles, et disserter sur le devenir de son groupe régional.

Il avait le « nez fin » et était aussi précurseur dans le milieu du tourisme.

Un jour il me dit : « J'ai envie d'acquérir un camping, je pense que c'est un marché d'avenir », et m'invita à découvrir l'objet de son premier achat dans ce secteur. C'était un bel endroit, près de la garrigue, avec plus de deux cents emplacements. Mais comment financer cette acquisition et les autres qui devaient suivre ?

A la fin du mois d'août de chaque année, les fêtes de la Saint-Louis embrasent la ville et Sète vibre avec les chevaliers du canal au son des tambours et des hautbois. Forte de plus de trois cent cinquante ans d'existence, cette fête traditionnelle à la gloire de Louis XIV, fondateur de la ville, est marquée par des joutes nautiques. L'été 2003, Gérard m'y invita, et dans le brouhaha de la fête me raconta que son fils ainé était diplômé de HEC Paris depuis un an, et qu'il avait effectué un stage dans un grand groupe.

Il me lança : « Que penses-tu si je le fais venir pour développer les campings ? Aurais-tu une idée pour faciliter les acquisitions ? »

Quelques jours plus tard je vins vers lui pour une proposition innovante. « Tu dois acheter des campings d'environ deux cents emplacements. Tu en gardes cent à la location, et les cent autres feront l'objet d'une location de la parcelle en bail emphytéotique. L'astuce sera que sur ces cent dernières parcelles, nous proposerons un mobil-home dont nous serions les vendeurs. »

Je lui conseillai d'être en relation avec un fabricant de mobil-homes adossé à mon ami Jean-Jacques, qui délivrait du crédit-bail pour les particuliers.

Je lui montai un modèle financier : il achèterait en « gros » les mobil-homes, les revendrait au prix « public », et la marge financerait son acquisition du camping !

Vingt années plus tard, le groupe est leader des campings en Europe ! Par je ne sais plus quelle astuce, étant dans une époque où j'étais fragilisé psychologiquement, il arriva à m'évincer… Un matin il vint à mon bureau en me disant : « Je dois récupérer tes parts dans notre filiale car j'ai besoin de cette dernière pour une opération immobilière… ». Je signai sans question. A cette période, il m'arrivait de m'enfermer dans les toilettes pour y dormir un quart d'heure, tant j'étais épuisé… je ne savais pas ce que mon corps allait me réserver, on le lira plus loin.

Je laissai passer ma deuxième chance de fortune.

Mais je rencontrai Germain, qui avait créé un groupe de résidences de tourisme parmi les leaders en France et Europe. Evincé lui aussi par ses associés pour des raisons de capitalisation, il voulait monter un nouveau groupe et comptait sur moi pour son développement. Ayant en portefeuille des opportunités de reprises d'établissements de tourisme, j'acceptai le deal. J'apportai immédiatement des fonds qu'il n'avait pas, et grâce à ma signature de private banking, nous obtînmes des facilités bancaires.

Dès le début de l'activité, j'arrivai à mettre en place deux hôtels en exploitation, puis le développement s'accéléra. L'un des hôtels était un bel établissement situé sur la côte d'Azur, à Mougins, avec restaurant, piscine, tennis. J'en avais fait l'acquisition dans des conditions extrêmement avantageuses.

Je proposai à mon associé de ne pas mettre cet hôtel dans le groupe, car son potentiel serait pour nous une très bonne issue de secours en cas de difficulté. Il ne me suivit pas dans cette décision, estimant que c'était une vitrine pour notre entreprise.

Plus tard, l'histoire nous dira que ce fut une décision malheureuse. Nous passâmes ainsi à côté d'une belle opportunité.

Comprenant le mécanisme financier lié à la défiscalisation des résidences services, j'étais septique sur la pérennité d'un tel système. J'alertai Germain, en lui indiquant que s'il y avait une crise immobilière, nos fonds propres seraient insuffisants et que l'entreprise s'arrêterait. Il n'entendit rien. La crise immobilière de 2008 signa le déclin de notre entreprise. Je cédai mes parts d'associé, à la demande de Germain, à un sportif qui allait perdre l'ensemble de son investissement. Personne n'avait écouté mes avertissements… Et les deux nouveaux compères, en tout dernier ressort, vinrent vers moi pour me demander de trouver un investisseur qui sauverait le groupe. Je leur présentai David, un vieux roublard en reprise de sociétés, en leur recommandant de bien « cadrer » la reprise avec lui. Mais encore une fois, mes conseils ne furent pas écoutés.

Cet épisode resta néanmoins pour moi une belle opportunité dans le monde du tourisme, et fit de moi un spécialiste en restructuration d'établissements de tourismes ou services.

J'eus ensuite l'occasion de travailler avec le beau-frère du Président algérien. Arrivé à la fin de son mandat, ce dernier aidait les membres de sa famille à s'installer où ils le souhaitaient. Le beau-frère décida de rester en France et, sa fonction diplomatique prenant fin, de se lancer dans la reprise d'une entreprise internationale de transports. Il organisait ainsi son « petit royaume ». Il garda l'ancien dirigeant comme directeur général, mais voulut s'entourer d'un staff de cadres digne d'une multinationale. J'acceptai un poste de Directeur des relations bancaires. Cela sentait le folklore, mais le salaire proposé ne pouvait pas être refusé. Il m'offrit même une voiture de fonction prestigieuse, pour me déplacer du bureau à la banque !

Le planning quotidien était assez particulier : le Président arrivait vers dix heures en limousine avec chauffeur.

Suivait une réunion de direction de dix heures trente à midi, dont je faisais naturellement partie et au cours de laquelle je lui faisais le compte rendu de la trésorerie du groupe. Puis nous allions au restaurant pour déjeuner copieusement : entrée, plat, dessert, vin, café. C'est au dessert qu'il y avait l'apothéose de ce cirque : le cher Président allumait un cigare « barreau de chaise » et le délire commençait, au moins une heure de palabre. Vers quinze heures nous retournions au bureau, et la journée s'achevait pour le Président vers seize heures. Je travaillais donc une à deux heures par jour …

Lorsque la politique rejoint la puissance financière, visiblement tout est possible. Mais ce monde n'était pas le mien. Je mis rapidement fin à notre contrat de collaboration. Cette aventure m'avait fait découvrir un autre monde !

L'ensemble des mes entreprises donnait un sens à la vie, mais les échecs successifs accentuaient mes douleurs de vie.

Le miracle de l'amour

Il vint,

Ce fut l'écriture d'un destin
Tant espéré qu'il vint

Deux âmes sur le chemin
Commencèrent un parchemin

La plume légère posa sur le cœur
Une écriture emplie de douceur

Naquit une belle histoire d'amour
Qui dure depuis toujours

Les instants bons et les vents mauvais
Venaient accentuer un destin parfait

Comment dire la passion ?
Autrement que deux cœurs en fusion

Inséparable pour l'éternité
Inénarrable face à l'immensité

Il existe cet amour plus que parfait
Où se confond l'esprit qui plait

Je renouvelle l'instant qui vint
Pour un Amour sans fin !

J'ai rendez-vous à l'Oasis, un bar-restaurant sur les collines niçoises avec Brigitte, qui deviendra l'élue de mon cœur.

Depuis deux ans, marqué par le divorce et les problèmes de santé, je me sens comme tombé au fond d'un caniveau. J'ai tout perdu. J'ai connu la pauvreté et la faim.

Pour me nourrir, je suis allé jusqu'à entrer dans les hôtels bordant la Riviera, tel un client lambda, pour observer l'organisation des petits déjeuners. Lorsque je découvrais une faille, j'y allais le lendemain matin.

Je m'installais tout naturellement à une table, et c'était souvent mon seul repas de la journée.

Cherchant un abri, j'ai appelé mon ami Bruno, que j'avais aidé auparavant en entreprise, pour lui demander s'il pouvait me laisser accéder à son entrepôt. Mais c'est la porte de ses parents qu'il m'a ouverte : pour eux, il était hors de question de me laisser dormir dans un hangar. Sa mère Eléna, son mari et leurs enfants m'adoptèrent comme un membre de la famille. Ils vivaient dans un petit deux pièces, mais qu'à cela ne tienne, le soir venu le petit coin salle à manger se transformait et les banquettes devenaient lit.

Les excellents petits plats allaient aussi me remettre sur pied, dans une atmosphère de complicité et de partage.

A ce moment de ma vie, je redémarrais à zéro. Le poids de mon histoire familiale m'avait conduit à l'état d'épave humaine, me donnant un sentiment d'échec si profond qu'il calcinait mon âme autant que mon corps. Je me décidai alors à consulter un psychiatre-thérapeute. Après seulement trois séances, il convint de m'expliquer :

« Votre vie est comme un canevas, j'y vois beaucoup de richesses, un trajet exceptionnel, des couleurs vives et sombres, un ensemble hors normes. Si vous me demandez ce qu'il faut enlever, réparer, modifier, alors je vous propose de retourner le canevas, vous y verrez beaucoup de nœuds. Vous pourrez à votre guise en couper certains, mais votre canevas sera détruit, comme des trous défigurant à jamais ce que vous êtes vraiment. Continuez à être vous-même, malgré vos blessures, le beau du canevas va arriver ».

Ma patience, ma résilience et ma détermination étaient mes alliés, tout semblait encore possible !

Je venais de toucher mon premier revenu social : le RSA. Mais il n'était pas question pour moi de vivre des subsides de l'Etat. Je pris la totalité des fonds reçus et achetai un billet aller-retour pour Paris afin de reprendre une activité. Je n'avais sur moi que de quoi me payer un café et un œuf dur dans un bistrot parisien. Je m'adossai au comptoir de zinc, dégustais mon café et mon œuf tout en observant les gens déjeunant à table.

Ce seul repas de la journée devait me donner les forces de négocier et rester digne avec les interlocuteurs que j'allais rencontrer. Je n'avais plus sur moi que le prix d'un billet de tram pour rejoindre l'aéroport : aucun imprévu n'allait devoir se mettre en travers de ma route. Je me jurai de tout faire pour ne plus jamais avoir faim. Aujourd'hui encore, lorsque je déguste un œuf dur, cette journée me revient en mémoire. L'histoire montra ensuite que ce fut le début de mon renouveau professionnel.

En même temps, je lançai une bouteille à la mer auprès d'une agence matrimoniale, pour rencontrer l'amour de ma vie. Laure et Caroline ont contribué à me sauver, sans le savoir : à chaque fois que je rencontrais une femme, je ne tardais pas à lui parler de mes filles et à montrer des photos d'elles, ce qui suscitait toujours une réaction. J'ai alors compris qu'aucun avenir ne serait possible avec une femme qui ne serait pas prête à les aimer.

Deux années s'écoulèrent, et ce fut la fameuse rencontre.

Ce matin-là, une voix intérieure me dit :

« Aujourd'hui tu vas rencontrer la Femme de ta Vie ».

Ce qui était fort peu probable, puisque j'avais demandé à l'agence matrimoniale de ne plus me présenter personne. Mais Brigitte, qui avait pris connaissance de mon profil, insista pour me rencontrer. Après avoir laissé peu d'espoir à sa cliente, la conseillère m'appela tout de même : « Je ne veux pas vous déranger, mais j'ai une dénommée Brigitte qui souhaite faire votre connaissance, serait-ce quand même possible ? ».

Je lui répondis « Bien entendu, qu'elle m'appelle, je me libère aujourd'hui ». A la sortie du travail, en fin de journée, nous nous retrouvâmes à l'Oasis !

Je sus immédiatement qu'elle deviendrait la Femme de ma vie. Ses yeux emplis de bonté inondaient mon cœur, et j'y trouvais comme à l'Oasis un puits d'eau pour étancher ma soif d'amour. Son sourire prédisait un havre de paix pour une future vie.

Le lendemain c'était justement la sainte Brigitte au calendrier : engaillardi par ce prétexte, et un bouquet de fleurs à la main, j'allai sonner à sa porte pour emporter son cœur. Le surlendemain, je l'invitai à déjeuner sur la plage et je pris sa main, pour ne plus jamais la lâcher. Commençait, après un demi-siècle, l'espoir d'une vie meilleure.

Mais après quelques mois d'un bonheur total, un nouveau drame nous frappa.

Maladie & renaissance

Je n'étais plus que l'ombre de moi-même, le teint blanc, tel un mort-vivant. Je ne tenais plus que par l'esprit.

Toute la souffrance accumulée, ravalée pendant des années, tout à coup ne se laissait plus comprimer au-dedans de moi. La pression excessive la fit exploser et détruire mon corps. Les plaies encore ouvertes de mon enfance, la religion fracassée, mon premier couple bâti sur une utopie…Et depuis presque neuf années, j'étais soigné pour la maladie de Crohn, dont j'étais sur le point d'apprendre qu'il s'agissait d'une erreur de diagnostic.

Dans un état d'extrême fatigue, je me réfugiais souvent aux toilettes pendant mes journées de travail, pour fermer les yeux et récupérer ne serait-ce que quelques minutes.

Le 3 janvier 2003, Brigitte m'emmena à l'hôpital. L'urgentiste s'interrogea, et me laissa finalement repartir avec des antibiotiques.

Après une nuit de souffrances, je retournai aux urgences, où mon cas commença à faire l'objet de toutes les attentions. Le pneumologue ordonna une fibroscopie et différentes analyses. Je fus transporté dans un box près de la salle d'opération, où l'anesthésiste m'attendait, assis sur un tabouret. Un lourd rideau de velours bleu obstruait l'entrée du box. Le temps s'écoulait, et rien ne se passait.

Je finis par interroger l'anesthésiste : « Votre collègue met du temps à venir, ça va ? ». « Ne vous inquiétez pas, il va venir ». Et il se replongea dans la lecture de sa revue... Quelque chose me semblait anormal. Je voyais, au travers d'un interstice, le pneumologue aller et venir devant mon box. Enfin il se décida. Il entra et s'approcha de moi :

- « Avez-vous des enfants ? »

- « Oui »

- « Quel âge ? »

Je lui répondis… et il repartit…

Ayant l'habitude de fréquenter les hôpitaux, je compris immédiatement qu'il avait quelque chose d'important à me dire. Enfin, il revint et me reposa les mêmes questions.

Je n'en pouvais plus : « Docteur, si vous avez quelque chose à me dire, allez-y !». Il me prit la main et me dit, tout en retenant son souffle : « Vous avez le VIH… et vos poumons sont très atteints. »

Un silence étourdissant s'abattit sur nous. Je repris mes esprits et lui dis : « Docteur faites ce que vous avez à faire, moi je sais ce que je vais faire ! » Mes poumons me faisaient souffrir, je respirais comme un noyé… l'anesthésie allait avoir lieu… et si je ne me réveillais plus ? Allais-je laisser ceux que j'aimais ? Je luttais. Je commençais à lâcher un à un les liens avec les miens. En arrivant à mes enfants, je me consolais : « Elles vont y arriver sans moi ». Ma vie ne tenait plus qu'à un fil… Finalement je décidai de tenir le seul fil qui me retenait : Brigitte.

Ce n'était pas le moment de partir, alors que j'avais enfin découvert un si grand amour !

A mon réveil, on me transféra en urgence au service infectiologie du CHU. Le verdict tomba : j'étais en phase finale VIH avec une pneumocystose et il me restait seulement 37 CD4. L'immunité pour un bien-portant est entre 500 et 1200 CD4. Je n'avais donc plus d'immunité …

Cela allait être un combat de tous les instants !

Plus que le traitement et la machine d'oxygène qui m'aidait à respirer, ce furent le mental, l'amour des proches et l'humanité des soignants qui me donnèrent les forces nécessaires. La visite de Brigitte, de mes enfants, de mon ex-femme, de mes frères…

Mon frère cadet au pied du lit ne pouvant retenir ses larmes, mais quel encouragement de tous !

Ils étaient venus de près ou de loin, conscients du moment que je traversais. Mon ex-épouse m'encouragea en me rappelant combien Brigitte était à mes côtés.

Deux paroles furent déterminantes. Celles de Brigitte, d'abord : « Je serai toujours présente pour toi ». Et celles du Docteur Éric : « Je vais vous sortir de là ».

Commença alors une lutte sans merci : mon cerveau et mes poumons ne faisaient plus qu'un ! Pas un instant de répit, il fallait aller chercher l'air pour ne pas partir, et dire à mon cœur de tenir pendant tant d'efforts. J'étais face à la mort, qui allait gagner ? Cette nuit-là je sentis que tout basculait, je m'accrochais aux draps du lit.

Je cherchais comme un dernier souffle. Tout s'accélérait. L'infirmière de nuit s'affolait. Je trouvais la force pour l'encourager : « Allez- y ! ».

Le temps pressait. Elle n'avait plus le temps et me posa un deuxième cathéter, me prodigua des soins…Je décidai de ne rien lâcher, et j'eus le sentiment d'avoir gagné une bataille.

Après cette nuit, vint un jour nouveau, celui de la porte vers la rémission. Encore quinze jours et enfin je rentrai à la maison.

Mais c'était loin d'être gagné : j'allais enchaîner quatre échecs à des protocoles de soins, puis une leucémie provoquée par les médicaments… J'appris plus tard que mon cas faisait l'objet de conférences auprès du corps médical sous la référence « la salade niçoise » tant les échecs thérapeutiques semblaient incompréhensibles… Enfin, après de long mois, on trouva la solution.

Plus jamais ma vie ne serait la même… L'amour pour mes proches est depuis lors devenu ma raison d'être.

Le silence plus que la parole, l'action plus que la critique, l'humilité plus que la certitude, la créativité plus que la routine, l'encouragement plus que la désapprobation. J'ai découvert la force de la patience, que je conjugue au quotidien.

Le temps ne veut rien dire, il n'est qu'un indicateur nous permettant de nous situer. A nous de le mettre à profit, à nous de refuser la course folle imposée par la société de consommation.

A nous de décider de notre propre rythme. La patience ouvre à la paix intérieure.

Non, je ne suis pas parfait. Mais je sais que je dois à la société d'être encore en vie après vingt ans de cette maladie.

Je dois à ceux qui m'aiment, qui m'ont accepté tel que je suis, de faire de chaque jour un jour meilleur, et d'insuffler à mes petits-enfants l'amour de la vie !

Même si le corps s'use après tant d'années, mon regard a changé :

« On ne voit bien qu'avec le cœur, l'essentiel est caché aux yeux ». (Saint- Exupéry)

Jamais je ne me suis tu sur cette maladie controversée, malgré la stigmatisation, encore aujourd'hui, des personnes qui en sont atteintes. Comme l'a très bien dit Henri de Montherlant en 1963,

« Ce sont les mots qu'ils n'ont pas dits qui font les morts si lourds dans leur cercueil. »

Ce fut le cas notamment avec la famille. J'avais contaminé Brigitte, et comprenais bien entendu l'émoi de ses proches.

Et certains se faisaient un plaisir de surenchérir, comme s'il y avait besoin d'ajouter de la souffrance à notre peine. J'entendais « il aurait dû … » ou pire encore, « je suis certain qu'il savait… ».

Avec Brigitte, nous décidâmes de mettre fin à ces discours négatifs, en expliquant notre décision irrévocable : soit ils nous soutenaient dans ce combat, respectant notre amour, soit nous prendrions de la distance avec eux. J'ai vu les fuyants, les médisants, les peureux, les compatissants, mais surtout j'ai vu la mort en face : plus rien ne serait pareil.

Ma nouvelle vie commençait.

En 2004, je décidai de conjurer le sort et de retourner aux USA, cette fois avec Brigitte. Grégoria, ma belle-mère qui venait de fêter ses quatre-vingts ans, accepta de nous accompagner,

avec la perspective de rendre visite à la plus jeune fille de Brigitte, Audrey, alors expatriée à New York.

Arrivés à l'aéroport JFK, je voulus comme souvent faire un trait d'humour, et dis à voix haute à propos de mes accompagnantes :

« Attention à ces deux dames, elles sont nées en Algérie ! ». Ce à quoi le policier répondit :

« What ? What ? » ... Je compris rapidement que l'humour n'était pas de mise à la frontière des USA.

Les immenses avenues et immeubles donnaient le tournis à mamie, mais quel bonheur de retrouver sa petite-fille pour une balade à Central Park !

Je louai une grosse voiture américaine pour aller visiter Washington. S'assirent à l'arrière du véhicule mamie, Audrey et son amoureux Youness.

Je conduisis comme un français « à fond » ce qui valut à Youness la peur de sa vie.

A Washington, nous ne manquâmes pas de nous prendre en photo devant la Maison Blanche ! Plus loin nous allâmes aussi à Atlantic City, et là ce fut l'apothéose pour Grégoria : elle se croyait comme à Disneyland ! Son sourire, sa joie, nous restent en mémoire à jamais.

Elle dira encore jusqu'à ses 96 ans « c'était le plus beau voyage de ma vie ! »

L'un des plus beaux jours de ma vie

Nous avions décidé de nous marier. Brigitte, de confession catholique, chercha en vain un curé qui voudrait bien nous bénir. Alors que nous envisagions d'organiser notre mariage à Sainte Cécile les Vignes, dans le Vaucluse, mais que nous sortions à nouveau bredouille des échanges avec le curé du village, le ciel nous fit un clin d'œil incroyable : deux avions de chasse à l'entraînement dessinèrent deux cœurs au-dessus de nos têtes. Était-ce un présage ?

En tout cas, nous étions certains que rien ne pourrait faire vaciller notre détermination à être heureux. A défaut de trouver une église catholique prête à bénir notre mariage, nous sollicitâmes mon plus jeune frère, qui officiait toujours au sein de l'Eglise néo-apostolique. Il prit notre demande à cœur et accepta de tenir la cérémonie. Mon ami prêtre Max allait venir d'Allemagne et l'accompagner pour l'homélie.

Notre fête de mariage dura trois jours, dans un magnifique hôtel de style provençal entouré d'un parc de pins parasol, à Mougins, commune emblématique du jasmin et de l'art de vivre ! Nous avions privatisé une partie de l'hôtel, l'autre étant dédiée à l'Emir du Qatar, qui y logeait son personnel lorsqu'il séjournait dans son domaine.

C'est par un vendredi après-midi ensoleillé du beau mois de juillet 2006, veille de notre mariage, que nous accueillîmes nos hôtes.

Mon ami Robert, jazzman, anima la première soirée et me fit la surprise d'accompagner Brigitte au piano qui interpréta pour moi :

« *Parce que c'est toi* » (Axelle Red).

Le jour « J », un grand brunch permettait de se restaurer et de prendre des forces pour une journée qui finirait très tard. En début d'après-midi chacun se mit sur son trente-et-un. Les filles de Brigitte s'activaient autour de leur maman pour l'aider à se préparer, quand de l'autre côté mes filles vérifiaient les derniers détails de mon costume.

J'attendais avec impatience dans le hall d'entrée qu'arrive ma dulcinée, quand je l'ai vue descendre l'escalier dans sa merveilleuse robe blanche tout en dentelles, éblouissante de bonheur !

Je l'embrassai sous les applaudissements de nos invités, puis nous primes la direction de la mairie, dans le vieux village de Mougins. J'avançai dans la salle des mariés au bras de ma maman, puis Brigitte au bras de son neveu, tout fier de l'honneur qui lui était donné.

Nos quatre filles furent nos témoins, ce fut un moment de grandes émotions que de voir nos grands enfants être à nos côtés pour ce moment inoubliable. Nous reçûmes un très bel éloge du maire adjoint qui nous connaissait, puis nous conclûmes par un grand « OUI ! » qui scella notre union.

Nous quittâmes la mairie sous une pluie de pétales de roses, d'applaudissements et d'embrassades !

Nous flânâmes encore un peu dans les ruelles pour laisser au photographe quelques inspirations avant de rejoindre l'hôtel pour le mariage religieux. Le parc y avait été aménagé « à l'Américaine », avec notamment une arche de fleurs où nous prîmes place…

Mon plus jeune frère et mon ami Max prirent la parole pour une homélie suivie d'une bénédiction nuptiale.

Ils citèrent une parole biblique, Esaïe 62.4

« On ne te nommera plus délaissée,

On ne nommera plus la terre désolation,

Mais on t'appellera mon plaisir en elle

On appellera ta terre épouse,

Car l'Eternel met son plaisir en toi,

Et ta terre aura un époux »

La piscine, le parc et la cascade offraient un décor propice à la séance de photos, et mettaient en valeur chacun, nos filles plus resplendissantes que jamais.

Comme le veut la tradition, la mariée lança son bouquet, qui atterrit dans les mains de Marylin, sa fille ainée.

Tous allaient maintenant profiter d'une petite pause, avant la grande fête prévue le soir ! Les employés de l'hôtel s'étaient tous mobilisés pour que notre séjour soit un merveilleux moment. Pour le dîner, les tables avaient été dressées tout autour de la piscine, dans un décor et avec des jeux de lumières créant une ambiance joyeuse et chaleureuse.

Aux fourneaux, nous avions fait appel à une grande chef, Hermance, qui succéda au fameux Cyril Lignac dans la saga télévisée.

La superbe pièce montée fut suivie des cadeaux. L'un d'entre eux, collectif, était un tableau représentant un décor provençal, dont le peintre était venu spécialement nous le remettre le soir même.

Robert nous offrit un clavier de synthétiseur, afin que je puisse continuer à jouer des berceuses à mon amoureuse.

La bande d'amis musiciens animait la soirée et les danses s'enchaînèrent jusqu'à l'aube. Après une courte nuit, la matinée arriva et l'on devait se séparer. Mais personne n'étant pressé de partir, beaucoup restèrent encore quelques heures, évoquant déjà les souvenirs d'un mariage qui marqua tous les esprits par la joie et la paix qui ne furent contrariées à aucun moment.

Je dis un dernier mot :

« Dois-je vous le dire ?

Depuis la souffrance dans mon enfance
Vécue dans une famille en turbulence

L'aurai-je mérité ?
Je fus privé de liberté

Après avoir d'arrachepied travaillé
Il m'arriva quand même d'être ruiné

Croyant qu'un accident n'arrive qu'aux autres
Le virus du VIH me condamna comme d'autres

Affecté par le déchirement des sentiments
Comme cela arrive dans un couple qui oublie les sentiments

Cela fut ma vie jusqu'il y a peu de temps
Sans que je puisse l'imaginer autrement

Alors, pourquoi ce jour ?
Je dois vous le dire sans détour !

J'ai découvert dans les yeux et le cœur de Brigitte
Un joyau qui se mérite !

Le passé de cette souffrance
Elle en a fait une romance

M'enlevant la peur, j'ai trouvé la liberté
Me rassurant, je suis devenu aisé

Donnant ses soins, j'ai reçu une meilleure santé
J'ai découvert les vrais sentiments, être aimé !

Le remède, je vous l'offre en ce jour
Respect, douceur, paix et amour

C'est ce cadeau que j'ai reçu en ce jour
Pour lui dire, tous les jours : Je t'aime ! »

Depuis ce jour, le bonheur règne sur nous et nos quatre filles. Trois d'entre elles nous ont enrichis de cinq petits-enfants, Manon, Morgane, Amélie, Elissa et Nahel. Nos gendres, fierté d'Hommes !

De proclamer souvent :

« Nous avons de la chance d'avoir une si belle famille ! »

Un autre destin

Il aura donc fallu cinquante ans.

Cinquante ans d'exil, avant que j'arrive enfin à être ce nouvel homme, ancré en partie dans son passé et qui a appris à devenir cet autre.

Le demi-siècle écoulé, la rencontre avec Brigitte a tout changé. Je devins apaisé, riche, d'une vraie richesse, celle d'un amour fusionnel, et d'une famille exceptionnelle.

Je résumai ce tournant en écrivant une poésie :

Ensemble

D'une rencontre qui nous ressemble
Se construisit un ensemble

En fondation d'un amour fusionnel
Naquit une architecture sans pareille

Des piliers, foi, courage, paix et patience
D'une toiture, harmonie et espérance

S'ouvrirent les portes de notre humanité
Recevant en salon pour que règne l'unité

Toute la maison pour nos êtres aimés
Riche de nos années tant aimées

Ce lieu est devenu notre temple
Celui où je te contemple

Toi, l'architecte de mon cœur
Ensemble nous vivons le bonheur !

« Un autre destin » aurait aussi pu être le titre de l'autobiographie de Brigitte. Née à Tizi en Algérie, elle dût quitter sa terre natale à l'âge de neuf ans. S'en suivit une adolescence difficile.

Les professeurs de collège n'hésitaient pas à brimer ces « étrangers » n'ayant pas eu, prétendument, la même éducation et culture.

Discrète, gentille, résiliente elle réussit à traverser cette période douloureuse.

Ayant vécu l'envers des hommes, comme moi, elle fut happée par la religion. Bien décidée à devenir nonne et se rendant souvent à Lourdes, son avenir se dessinait au service de son prochain. Mais les circonstances, la famille, l'injonction de « faire comme tout le monde », la conduisirent finalement à son premier mariage. Son rêve d'absolu se brisa, tout comme cette union. Et cette page de vie refermée laissa place au miracle de notre amour.

Je côtoyais maintenant ma nouvelle belle-famille. Après le décès de mon beau-père, Jules, il me revenait tout naturellement d'accompagner Grégoria, ma belle-mère, et Brigitte en pèlerinage à Lourdes chaque année. J'y vécus beaucoup de moments d'émotions en voyant les deux femmes prier pour toute la famille. Je pensais à Jules, que je n'avais rencontré que deux fois, et à qui je devais d'avoir reçu la main de sa fille par cette phrase : « Cet homme est celui qu'il faut pour notre fille, elle sera heureuse avec lui ! »

L'un des tous premiers actes de bravoure ou d'amour fut d'entendre ce message subliminal de Brigitte : « Jamais sans ma fille » …

Audrey, était à New York et amoureuse de Youness, d'origine Marocaine.

Le temps était venu où les deux tourtereaux cherchaient à s'installer dans un pays qui accepterait Youness. Plusieurs pistes furent évoquées, comme le Canada ou le Maroc.

Mon sang ne fit qu'un tour : il fallait qu'Audrey et son amoureux viennent s'installer en France, et bien entendu à Nice ! Impossible d'imaginer mon épouse attristée par l'éloignement des siens.

Je bravai l'administration française, tins des discussions à n'en plus finir, rassemblai les justificatifs à apporter, remplis les formulaires demandés, patientai dans les files d'attentes devant le bureau à la Préfecture…

Je créai même avec mon associé un poste sur mesure pour Youness.

Après de longs mois, il reçut enfin son titre de séjour, et il était grand temps : celui des USA avait expiré…

Pour couronner ce premier acte d'amour, Youness arriva en France la veille de notre mariage ! Beau signe du destin.

J'embrassai immédiatement ce garçon, simple, doué, aimant. J'appris de sa culture, de sa religion, je devins riche des échanges qui rapprochent les Hommes. Ce que Youness amena à la société, à la famille, est d'une richesse que ne voient que ceux qui partagent les vraies valeurs d'Humanité !

Lors d'un anniversaire je lui confiai une poésie :

Lumineux

Au loin la statue de la liberté
Brandissant le flambeau avec fierté

Il aura fallu, les terres arides
Pour fouler le sol des études

S'envoler de sa patrie lumineuse
Pour embrasser les livres avec une liseuse

Et s'éclairer au monde à venir
Celui que l'on construit de souvenirs

Révéler au grand jour l'âme éblouissante
D'une culture et foi embrassante

Puis construire, inlassablement vers le ciel
Pour que la nuit n'advienne comme un fiel

Lumineux, tu portes le soleil en toi
Comme les êtres portés par la foi

Dans l'amour brandissant la liberté
Tu es précieux pour ce qui t'entoure avec fierté

Continue à nous éclairer de ta gentillesse
Notre monde a tellement besoin de tendresse !

Mes filles faisaient mon plus grand bonheur.

Deux années plus tôt, Laure, alors étudiante, était venue s'installer chez moi. Nous partagions des moments de complicité, autour de beaucoup de plats de pâtes et de ma fameuse purée pommes de terre-carottes, illustration de ma légendaire capacité à cuisiner. Le cœur de ma fille se baladait, en quête de l'homme de sa vie.

Puis arriva ce jour si beau, où elle et mon futur gendre avancèrent sous une haie d'honneur formée par les compagnons d'armes du marié, ornés de leurs plus beaux atours de pilotes de l'air, ils leur ouvraient la voie vers la salle des mariages.

Laure a su construire un foyer heureux, et carrière à la banque, pour ma plus grande joie.

Je suis comblé par le regard magnifique de mes deux petites-filles, et fier de mon gendre et de sa formidable carrière militaire.

Quant à Caroline, elle profita du chaos familial provoqué par le divorce pour montrer sa détermination : à 18 ans, elle décida de partir suivre des études universitaires à Paris. L'idée de « sauver le monde » était son moteur : je retrouvais en elle un peu de l'histoire familiale… Elle se lança dans l'action humanitaire, en Afrique et au Moyen Orient. Caroline œuvra auprès du fameux Dr Mukwege, lauréat au prix Nobel de la Paix, à l'hôpital de Panzy (Sud-Kivu, province de la République Démocratique du

Congo) spécialisé dans le traitement des survivantes de violences sexuelles.

Elle fut pionnière et première instigatrice des preuves légales des viols de masse comme crime de guerre en République Démocratique du Congo, qui permet, encore aujourd'hui, que les auteurs soient déférés devant la Cour Pénale Internationale. Elle écrivit aussi pour John Kerry à la tribune de l'ONU.

Je lui dédiai alors cette poésie :

Terre Battue

Dans ce set les balles sifflent
Les spectateurs applaudissent !

D'un long match, qui gagnera ?
Celui qui le plus on applaudira ?

Rivés dans leurs sièges confortables
Sous les lunettes de soleil se cachent les notables

Sans voir la poussière qui se lève
Sous la sueur du Peuple qui se lève

Je ne suis pas à Wimbledon ou à Bercy
Mais sur la Terre Battue que je trouve ici

Je suis descendue dans ton arène de jeux
Pour te proposer des nouvelles règles de jeux

Alors l'orage a éclaté pour que la partie soit arrêtée
Tu es devenue un torrent de boue dans la mêlée

Tu croyais que cela arrêterait mon chemin
Non ! Je décidai de tracer une route pour demain

Tes Femmes et Enfants battus
Trouveront un nouveau chemin d'issue

Je vous dessinerai un avenir en me laissant partir
Votre Porte-Parole qui les fera frémir !

Je ne vous demande pas de me croire
Mais de me laisser vous aimer pour la victoire !

Au mois d'aout 2019, alors que ma fille était au Moyen Orient, je reçus ce courrier :

« Comme le plaisir se partage, je vous envoie les photos et vidéos de notre dernier accomplissement collectif. Notre équipe, avec des entrepreneurs locaux, a construit la première plage publique accessible aux personnes en situation de handicap à Gaza (et certainement dans le Moyen-Orient).

Après de très longs mois de travail et d'obstacles, nous avons enfin célébré l'ouverture le 23 juillet.

Ce n'est que la partie visible du projet qui inclut également des travaux d'accessibilité aux domiciles des personnes en situation de handicap et bien d'autres encore ! »

Cet ouvrage fut détruit par un bombardement quelques temps plus tard par l'armée Israélienne, qui s'excusa d'un accident collatéral.

Défendant la cause des femmes et des enfants, faisant bouger les lignes avec détermination, elle nous rendit riche de son regard sur le monde.

Les beaux jours de l'année 2025 arrivant, Caroline vient de rencontrer Simone, originaire d'Italie où il exerce en tant qu'architecte :

Voilà qui augure d'une nouvelle construction familiale !

Du côté de Brigitte, Audrey et Marilyn ont maintenant leur petite famille. Le rituel des mercredis « petits-enfants » vient bousculer notre quotidien et nous rend très heureux.

Brigitte, devenue une super mamie, embarque souvent son petit monde à la plage, toujours prête pour les petits. Un insondable amour est né de cette relation privilégiée et de proximité avec nos petits-enfants.

Nos réunions familiales se tiennent chez Marilyn, la fille aînée de Brigitte, dans sa maison bâtie sur les collines niçoises. Elle nous y accueille avec Stéphane, son compagnon, et Maëlys, la fille de celui-ci.

Marilyn est pour toujours ma « complice » c'est elle qui, un jour, conseilla à sa maman de s'inscrire dans une agence matrimoniale. Je lui dois donc le bonheur immense de vivre aujourd'hui avec la femme de ma vie !

La rencontre

J'avais comme ami l'époux de la fille adoptive du Président Jacques Chirac, Anh.

Il œuvrait au sein de la compagnie de CRS qui assurait notamment la sécurité du Président de la République.

Il me présenta son épouse, qui présidait l'association L'Etoile Européenne du dévouement civil et militaire. Elle m'invita, ainsi que Brigitte, à une soirée caritative qu'elle organisait à Paris. Cet événement me donna l'occasion de faire un don à l'association ORPHEOPOLIS, dont la vocation est d'accompagner les orphelins de familles de policiers.

Il y avait là des acteurs de cinéma et d'autres personnalités : j'étais assis à côté de Geneviève de Fontenay, et mon épouse se trouvait entre Sophie Darel et un Général cinq étoiles de l'armée de Terre. Geneviève et Sophie engagèrent avec nous des échanges chaleureux, et tinrent à nous présenter une de leurs amies, une certaine Fabienne. Elle présidait le Comité Super Mamie France, qui permettait à des mamies d'être mises à l'honneur pour leur parcours de vie. Je lui présentai mon activité touristique, et notamment l'hôtel quatre étoiles que j'avais repris à Nice.

Fabienne se montra très intéressée : « Cela tombe bien, je préside le comité Super Mamies et j'organise une élection nationale à Nice en octobre, mais je n'ai pas encore l'hébergement ».

Je lui répondis :

« J'adore votre concept de mettre les Femmes devenues Mamies à l'honneur, je vous recevrai avec vos mamies et artistes dans mon hôtel à Nice »

La croisière

Brigitte venait d'avoir soixante ans, c'était l'occasion de faire une belle fête : nous embarquâmes toute la famille et nos amis pour une croisière en Méditerranée.

Ce matin-là, au port de Marseille, l'excitation régnait : « Tout le monde est prêt pour quelques jours de fêtes ? ». M'adressant à ma belle-sœur Marie-Paule : « Tu n'as pas oublié tes médicaments « mer calme » ?...

A Barcelone, Marie-Paule se recueillait dans la Sagrada Familia, les autres visitaient la ville au rythme du flamenco. A Naples, Youness jouait au « parrain » dans les rues de la vieille ville.

La capitale des Baléares, Palma, nous offrit encore une essence méditerranéenne particulière.

Le soir du dîner du Capitaine, tous sur notre trente-et-un, nous étions très joyeux. Nos deux petites-filles, les cousinettes Elissa et Amélie, assises au bord d'un grand hublot, eurent un fou-rire mémorable en regardant leur arrière-grand-maman danser avec un serveur. Le lendemain après-midi, nous nous retrouvions dans le salon privatisé pour fêter les soixante ans de Brigitte. Un petit cocktail nous y attendait, qui rendit propice un petit discours…

« Toi, la petite fille, ayant fait ta première croisière au fond d'une cale de cargo pour quitter ton Algérie natale, te voilà en ce jour au firmament de ta famille et reçue comme une reine sur ce paquebot ! Tu te rappelles encore du rat qui se faufilait au milieu des gens affalés au sol, de la seule valise qui te restait, du matelas que ta maman avait ramené pour un voisin, puis le débarquement à Marseille, âgée seulement de neuf ans, ta maman te laissant toute seule sur le quai, pendant qu'elle allait chercher de l'aide… Que de chemin parcouru pour renaître, ta force et ta résilience sont un exemple pour nous ».

Le tout se concluant par des cadeaux et embrassades. Cette croisière marqua une nouvelle fois notre parcours d'amoureux.

Les mamies

Au retour de notre croisière, la rencontre avec Fabienne allait prendre toute sa dimension.

S'ouvraient, grâce à mon entreprise, plus de quinze années de partenariats avec le Comité Super Mamie France. Fabienne avait conçu, plus de dix ans auparavant, le projet de mettre à l'honneur les mamies par des élections régionales suivies d'une élection nationale. Le concept étant que la mamie participante serait jugée sur sa présentation artistique : chant, poésie, théâtre… Les enfants quant à eux devaient dire sur scène pourquoi leur mère, au parcours de vie remarquable, devait être mise à l'honneur et élue, enfin les petits-enfants faisaient une surprise à leur mamie, chantant et dansant pour elle. Le tout devant un jury composé d'artistes, de représentants locaux, de chefs d'entreprises, dont les notations permettaient la désignation de la :

« Super Mamie ».

Lors des manifestations, je rencontrais des femmes d'exception. Bien souvent, elles avaient un engagement associatif en plus d'être le pilier de leur famille. Que de témoignages d'enfants et petits-enfants sur leur mère, leur mamie, devant un public profondément touché par tant d'humanité ! Le tout rehaussé par des artistes qui venaient bénévolement soutenir ce concours.

Pour fêter l'année 2014, j'organisai un grand réveillon à côté de Montpellier, dans l'une des résidences de tourisme de mon groupe. Les mamies, leurs familles, les artistes, tous entouraient Fabienne.

Je lui fis la surprise de donner son nom à la salle des fêtes de la résidence, comme juste reconnaissance de toute son œuvre.

Il y eut aussi cette soirée de gala, en juin 2017, pour laquelle j'avais privatisé une plage sur la Promenade des Anglais : rien n'était trop beau pour célébrer les mamies ! Les événements vécus autour de ces femmes mériteraient un livre à lui seul, mais je citerai ici un fait qui m'a particulièrement marqué.

Nous étions à l'Opéra de Nice pour l'élection de la super mamie France, et devant un parterre de plus de huit cents fans, les mamies ayant remporté les élections régionales se présentaient, entourées de leurs enfants et petits-enfants leur rendant hommage.

Arriva l'instant où une petite-fille devait réciter une poésie pour sa mamie.

L'animatrice précisa :

« Nous demandons votre compréhension, la petite Léa est autiste et a beaucoup de mal à communiquer, d'autant plus qu'un public aussi nombreux pourrait tout simplement ne pas lui permettre de s'exprimer ».

Accompagnée de sa maman, Léa s'avança au milieu de la scène, un immense silence se fit, nous retenions tous notre souffle, après quelques instants Léa prit la parole et adressa la poésie à sa mamie…Le miracle de l'amour avait fait son œuvre, Léa venait de gagner un nouveau combat ! La soirée fut couronnée par l'élection au niveau national de la mamie de Léa.

Combien de fois, grâce à ces événements, ce fut l'occasion pour les enfants et petits-enfants de dire tout leur amour à leur maman, leur mamie…

J'éprouvais une profonde reconnaissance envers toutes ces femmes qui contribuent à rendre le monde meilleur.

Je faisais miens les écrits du livre La gratitude, cette force qui change tout de Robert a. Emmons :

« Les personnes reconnaissantes éprouvent des degrés plus élevés d'émotions positives comme la joie, l'enthousiasme, l'amour, le bonheur, l'optimisme ».

L'écrin

C'était maintenant à mon tour de fêter mes soixante ans. A Mandelieu La Napoule, j'exploitais une résidence de tourisme magnifique, avec restaurants, terrain de tennis et piscine. Un lac artificiel bordé de mimosas créait une atmosphère reposante, une belle passerelle courait le long du lac jusqu'à la salle ou allaient se dérouler les festivités.

C'est dans ce lieu de rêve que je réunis ma famille et mes amis. Grâce à Fabienne, qui organisa l'événement de main de maître, nous eûmes la chance d'accueillir le groupe Boney M pour la soirée.

Mon ami Max était venu d'Allemagne. Ce fut l'occasion de nous rappeler nos moments de complicité, comme ce jour de mars 1995, au début de l'application des accords de Schengen permettant de se déplacer à travers l'Europe sans contrôle aux frontières.

Max m'avait appris cette nouveauté alors que nous traversions l'ancien poste de frontière près du pont de Kehl. Je lui avais alors lancé :

« Des voleurs Allemands pourront donc venir en France sans qu'on leur demande quoi que ce soit ? »

Le fou-rire qui s'en était suivi résonne encore en moi. Quelques mois plus tard de cette même année 1995, Max, comme beaucoup d'Allemands, avait été très choqué par la décision du Président Jacques Chirac de réaliser une dernière campagne d'essais nucléaires dans le Pacifique. Max m'interpella « Pourquoi ? ». Ma réponse fusa : « Parce qu'un jour un imbécile appuiera sur le bouton ».

Nous eûmes ainsi des moments de joutes oratoires intellectuelles et spirituelles.

Il était temps de recevoir chaque invité, et de le diriger vers son petit appartement donnant sur le lac, pour commencer un week-end enchanteur.

Fabienne avec l'aide de Caroline organisa dès l'après-midi un moment qui me fut dédié, avec des messages d'amour et des photos souvenir. Ma plus jeune fille pris la parole pour dire mon parcours de vie, ce qui me valut quelques larmes. Ce fut au tour de Max de prendre la parole devant ma famille et mes amis, et je retins deux phrases de son discours :

« Dieu est l'ami de Sylvain ! »

« Sylvain est intelligent. La preuve il a marié Brigitte ! »

Brigitte clôtura ce beau moment en me chantant « *Je veux vieillir avec toi* » de Florent Pagny.

C'était toujours un moment poignant d'entendre cette voix douce me témoigner tant d'amour. Je reçus encore beaucoup de mots de bienveillance, puis des cadeaux.

Mon ami Anthony, écrivain et peintre, m'offrit un tableau peint de sa main : une trompette représentant ma passion pour la musique, entourée d'un liseron bleu de Mauritanie, qui dans le langage des fleurs, symbolisait l'amour idolâtre.

Puis les convives s'installèrent pour le dîner-spectacle, un moment magnifique et survolté grâce au groupe Boney M !

Alors que tous chantaient :

« *Happy birthday to you* »

J'étais sur la scène, ma petite-fille Amélie dans les bras. J'étais comblé !

Les aidants

En 2017, je reçus un appel : « Le Président François Hollande vient à Nice pour la clôture du congrès national des Mutuelles, je t'y invite et tu pourras déjeuner à sa table ». C'était mon ami en charge de la sécurité du Président. Je lui répondis :

« C'est gentil de ta part, mais ce n'est pas nécessaire ». Il me reprit : « C'est quand même le Président de la République ! ». J'acquiesçai.

Arriva le jour J. Au Palais des Congrès de Nice, je me présentai au service de sécurité du Président. On me conduisit à une place prévue pour moi, au premier rang côté droit de la tribune. Les orateurs se succédèrent jusqu'à l'arrivée de François Hollande, qui prit la parole pour clore le congrès, puis, son discours terminé, descendit les marches pour quitter la salle.

A cet instant mon ami fit arrêter sa marche, ainsi que celle des ministres, du préfet, et autorités qui l'accompagnaient pour qu'il me salue devant un parterre de plus de six mille participants qui se demandaient bien qui pouvait être cet individu saluant le Président de la République. Le Président et moi-même priment la pose pour que le photographe officiel de l'Elysée immortalise l'instant.

Puis je lui emboîtai le pas, pour rejoindre toutes les autorités autour d'un verre, ce qui me donna l'occasion de quelques échanges au sujet d'un concept de vacances répit que je souhaitais proposer aux aidants de proches en difficulté ... Le Président, intéressé par mon concept, me dirigea vers sa Ministre du travail, de la santé et de la solidarité, Marisol Touraine.

Elle se montra très attentive, et me proposa de continuer à travailler le sujet avec son équipe.

Le Maire de Nice me salua et me lança : « Que faites-vous ici, dans ce temple de gauche ? ». Je lui répondis : « Comme vous, je suis invité ! ». Il acquiesça et sourit.

Arriva le moment du déjeuner, ma place était effectivement réservée, on me demanda de m'assoir à côté de l'aide de camp du Président. Jusqu'à l'instant où quelqu'un de la sécurité alla chercher mon ami, pour lui expliquer que je ne pouvais pas rester là. En effet, l'aide de camp pourrait recevoir des consignes confidentielles dans le cadre de ses fonctions. Je pris donc place à côté du Président d'une Mutuelle.

Ce fut un jour épique, auquel je repense avec le sourire, et quand même la fierté d'une photo officielle avec François Hollande, homme simple et abordable.

Quelques mois plus tard, en mars 2018, je me trouvais près des Champs Elysées pour rejoindre mon amie Catherine, qui œuvrait à la tête d'une association de soutien aux soignants. Ses bureaux se trouvaient dans un petit immeuble appartenant à l'association des dentistes de France, dans une ruelle à cinquante mètres de l'Arc de Triomphe. On y trouvait tout le confort pour travailler : un accueil, des bureaux et une salle amphithéâtre. Catherine me présenta Patrick, Président de groupes pharmaceutiques.

Reconnu au niveau international pour sa compétence dans le domaine des médicaments, on lui doit aussi la mise en place de l'activité de transplantation d'organes.

Estimé, il est devenu Président Europe de l'industrie du médicament OTC. Très sensible aux valeurs humaines, c'est aussi un fervent défenseur de l'Europe. En tant qu'administrateur de l'association de la Légion d'Honneur, et auteur du livre Moi Président, la quatrième solution, où il propose quarante-cinq projets pour la France, il montre son grand attachement à notre pays.

J'allais lancer mon activité de séjours de répit en faveur des aidants et leurs proches fragilisés. Il prit un soin immense à me soutenir bénévolement dans cette cause, donnant volontiers de son temps pour participer à construire un monde meilleur. Son humilité, sa simplicité, sa capacité d'écoute, m'ont toujours rendu admiratif !

Il me tenait à cœur depuis longtemps de créer une association ou fondation qui résumerait bien ma vie : aimer et servir. Ayant goûté au monde du tourisme, et après la restructuration d'établissements de ce secteur, je comprenais mieux les attentes de la clientèle senior. C'est alors que je découvris « les aidants ». Dévoués à leurs proches fragilisés ou en situation de handicap, ils avaient aussi un réel besoin de souffler.

Le destin voulut qu'à la même époque je reçus un coup de fil d'une connaissance, médecin oncologue. Nous étions au début de l'été 2019, il me dit : « J'ai un patient atteint d'un cancer pancréas et au foie. Son épouse aidante est à bout de souffle, cela fait trois mois qu'elle veille sur lui nuit et jour. Les enfants sont venus me demander si toute la famille pouvait partir en vacances, ce qui permettrait à leur maman de récupérer, pourrais-tu organiser un séjour ? »

J'avais bien entendu compris l'enjeu de la prévention de santé des aidants qui donnent sans compter sur leur propre temps et santé, mais de là à faire partir un patient en fin de vie avec sa famille…N'écoutant, que mon cœur, je lui répondis : « Je vais essayer… »

J'organisai un séjour dans un hôtel du sud, pour toute la famille, pension complète, visites touristiques et pour leur papa les soins médicaux sur place. Le soir, un infirmier venait à l'hôtel pour poser une perfusion qu'il enlevait au petit matin.

Ayant un fauteuil roulant à disposition pour plus de confort, leur père refusa de l'utiliser, mobilisant ses dernières forces pour accompagner la petite famille lors des visites.

Quelques semaines plus tard il s'éteignait, mais ces derniers moments furent d'une richesse incomparable, laissant pour toujours des souvenirs réconfortants à cette famille.

Mon nouveau concept innovant était lancé ! Il répondait à un défi sociétal : la prévention de santé des aidants. Ils étaient onze millions en France, dont 79% disaient vouloir partir en vacances avec leur proche, cela laissait songeur.

Je confiais mon vécu, mon concept, au Docteur Hélène, médecin en santé publique et spécialisée auprès des aidants lors d'une mémorable rencontre dans une brasserie sur les hauteurs de Grasse.

N'acquis une belle complicité et encouragement réciproque.

Je rencontrai Frédérique qui œuvrait au sein d'un service d'action social et beaucoup d'autres devenus fer de lance de mon concept.

J'ai alors côtoyé beaucoup d'aidants, comme Eléna qui a soutenu nuit et jour son époux atteint d'un cancer, ou cette psychologue dont le mari était atteint de la maladie d'Alzheimer. Toutes avaient en commun l'abnégation, et l'épuisement !

Au cours de ces parcours d'aidants, j'ai vu le trajet pavé de bonnes intentions et de recommandations : sociales, médicales, familiales, amicales. Tout aurait dû se résoudre à l'intercession !

Plaider la cause de l'aidant, plutôt que lui indiquer un chemin. Et si l'aidant intercédait pour lui-même ?

Pour cela fallait-il certainement les conditions : sortir de cette « captivité » dans laquelle se trouvent son corps et son esprit à bout de forces.

J'imaginais alors un lieu de répit, un instant de vacances, loin du quotidien, tout en ayant son aidé à côté, pour partager le silence retrouvé, la respiration intérieure. Le cœur aura alors intercédé pour que le corps puisse se reposer, et encore mieux offrir le soutien à l'aidé, pour qu'à la toute fin il ne reste pas que le combat, mais des souvenirs heureux !

Je créai une agence de voyage, proposant des vacances toute l'année en milieu touristique, ou des croisières, pour les aidants et leurs proches.

Pendant les séjours, nous assurions la coordination des soins pour le proche fragilisé, mobilisant des infirmiers et des services d'aide à la personne.

Et bien entendu toute la partie touristique, visites, excursions ou plus, adaptés aux aidants et leurs proches, des séjours avec musicothérapie, sophrologie…

Tout au début je rencontrai l'adjoint à la santé de la Métropole Nice Côte d'Azur qui m'interpela « que faites-vous maintenant ? ». Je lui expliquai mon projet de soutenir la cause des aidants, et il réagit avec enthousiasme : « Cela tombe bien ! Le Maire veut organiser un concours pour relever des défis sociétaux, il faut absolument que vous y participiez ! ». Séduit par sa proposition et convaincu par son insistance, j'acceptai…

Le jour dit, au Centre Universitaire Méditerranéen, j'exposai mon concept devant des élus, experts et associations… Et je devins le lauréat du défi des Aidants !

Le développement s'annonçait important, nous avions des partenariats nationaux avec des institutions, comme La Poste.

Cette période entrepreneuriale me valut un bel épanouissement, j'étais heureux de pouvoir communiquer pour relever un défi sociétal. Les plateaux de télévision se succédèrent, jusqu'à une interview filmée par le magazine Forbes, à la célèbre Brasserie Le Fouquet's, sur les Champs Elysées à Paris. La journaliste et toute l'équipe (dont la maquilleuse, elle-même aidante de sa mère) me reçurent avec déférence, me confiant avoir rarement connu des échanges aussi empreints d'humanité.

Le monde des affaires pouvait donc aussi s'intéresser aux sujets sociaux ! Arriva l'instant « star », la montée des escaliers aux côtés de mon intervieweuse qui me présenta, puis comme à la cour, nous pénétrâmes dans cette magnifique salle haussmannienne, je pris place dans un fauteuil recouvert de velours rouge et devins un instant le porte-parole des aidants. J'exhortai les grandes entreprises, les pouvoirs publics à prendre en compte le droit au répit des aidants, comme la loi le prévoyait.

Plus tard je reçus un coup de fil de Noémie, journaliste à BFM : « L'avenir appartient à ceux qui se lèvent tôt…Que diriez-vous de venir sur le plateau de BFM Business pour la matinale ? » Cela tombait bien, j'étais justement à Paris invité par mon amie Mylène, la Maire d'Isola, au salon des Maires pour y présenter leur projet d'une résidence dédiée aux aidants et seniors. Mon ami Guytou, adjoint au Maire, me proposa de m'accompagner à BFM.

Nous quittâmes l'hôtel à cinq heures du matin, fiers à l'idée de partager ensemble un moment de télévision où je pourrai parler des aidants, mais aussi de notre projet à Isola. Ce fut à mon tour : après l'encart publicité, je pus répondre aux questions des trois journalistes, dont Noémie qui présenta l'intérêt de mon concept en faveur des aidants. Ils étaient unanimes, et me souhaitaient de réussir à relever ce défi sociétal.

Mon amie Catherine, qui s'occupait des soignants, me proposa une journée dédiée aux soignants et aidants.

Pour la première fois le monde de la santé et le monde du tourisme étaient réunis autour d'une même cause : le répit des soignants et des aidants.

Les conférences se succédèrent, ponctuées d'ateliers pour les participants. L'atelier d'art thérapie que ma belle-sœur tenait avec l'aide de sa fille eut beaucoup de succès.

Une œuvre collective intitulée « Fontaine de Fleurs » vit le jour.

Une fois encore la preuve fut faite qu'ensemble nous sommes créatifs et solidaires.

Les moments de répit pour les aidants accompagnés de leurs proches s'enchainaient, et nous reçûmes d'innombrables messages de remerciements. Comme celui de cette épouse qui était aux côtés de son mari atteint de la maladie d'Alzheimer, et qui lorsque la crise sanitaire Covid advint, n'en pouvait plus d'être enfermée avec son mari. La psychologue qui suivait le couple, nous appela pour organiser un séjour.

Il eut lieu à Vence dans un hôtel, en pension complète. Arrivant sur place, le mari découvrit la superbe piscine de l'hôtel et demanda à son épouse s'il pouvait se baigner. Dubitative, car cela faisait sept années qu'il n'avait pas fait d'activité physique, elle accepta finalement. Il se mit à l'eau, et - Ô miracle ! - il enchaîna les longueurs avec passion, et cela dura tout le séjour… L'épouse fut enthousiasmée :

« Mon mari revient à la vie ! Et moi je peux mettre mes pieds sous la table, et me laisser dorloter ! »

Cette année-là, avec mon épouse Brigitte, nous accompagnions un groupe d'aidants lors d'un séjour au bord du lac d'Annecy.

Le thème du séjour étant la musicothérapie, nous participions aux ateliers tenus par Angela et découvrîmes combien elle allait délivrer les non-dits tellement lourds à porter.

Echangeant avec une aidante, je lui demandai « Pourquoi avez-vous choisi ce séjour ? ».

Elle me raconta que, depuis la maladie de son époux, ils n'étaient pas partis en vacances… Sept longues années.

Elle me remercia, ainsi que mon équipe, d'avoir réalisé un rêve :

« Chaque année lorsque nous rentrions de vacances pour retourner en Alsace, nous nous arrêtions dans une petite crique au bord du lac d'Annecy pour nous souvenir des vacances vécues, c'était notre moment d'amoureux, et c'est ce que nous venons de vivre à nouveau avant que les souvenirs s'effacent à jamais de la mémoire de mon époux »

Et maintenant ?

L'aube de ma vie fut donc suivie d'un jour lumineux grâce à Brigitte, et grâce à des rencontres avec des hommes et des femmes d'exception, grâce à des échanges culturels, à des ouvertures à d'autres religions, à des immersions dans le monde politique et institutionnel, dans celui des entreprises et des startups… autant de brassages qui me comblèrent d'une richesse incomparable.

Brûle en moi l'amour indicible pour mes petits-enfants. Il arrive qu'à l'occasion d'un anniversaire j'écrive une poésie, ici à l'unique petit-fils, Nahel :

Sensation

D'une roulade tu défies la loi de l'apesanteur
Tout cela pour impressionner ta sœur

Ta force gravitationnelle
Attire ta Mamie exceptionnelle

Lorsque tu résous les équations
Ton Papa est sous l'admiration

Laissant libre accès aux surprises
Ta Maman est toujours surprise

Tu conjugues tous les défis
Pour tester ceux qui seront tes amis

Continue à sautiller d'un obstacle à l'autre
Allant de l'un vers l'autre

Joue encore sur ta guitare un morceau de blues
Ta cousine se pâmera aux heures perdues

Ils découvriront tes accords
Qui les rendra tous d'accord

Continue à nous faire sensation
Nous t'aimons avec admiration !

Sans oublier, Manon, Morgane, Amélie, Elissa et Maëlys, qui furent aussi mes sources d'inspiration.

Resteront à jamais dans nos mémoires la complicité des repas partagés, des moments échangés avec nos cinq petits-enfants, des vacances au camping, comme cet été où Elissa et Nahel organisèrent un escape Game dans notre mobil home.

Manon proposant des recettes de repas, Morgane prête à entendre les histoires de papy, Amélie à faire le show sur les réseaux sociaux, toute l'équipe créant leur propre groupe WhatsApp « Cap Fun » pour y relater les vacances et échanger avec tata Caroline qui nous accompagnait, ou encore écrire :

« oui, mamie, on va bientôt se coucher… »

Des descentes sur les toboggans plongeant dans la piscine, suivies de soirées animées par des spectacles, dont ceux proposés par Nahel lui-même ! Plus sage, après le plat de spaghetti, sur la terrasse face au soleil du Midi, un jeu de société pour encore un moment de complicité.

Venu égayer nos dix dernières années, un petit toutou dénommé Jack Sparrow rythmait nos journées par des balades dont il indiquait le chemin à suivre. S'il nous arrivait de prendre une direction personnelle, il s'arrêtait net, nous fixant de ses grands yeux, pour nous faire comprendre que c'est lui qui nous promenait…

Mais nos petits-enfants nous « vengeaient » en lui apprenant à passer des labyrinthes faits de chaises renversées dans toute la maison…

Au passage de cette épisode de vie, je reçus la médaille d'or du dévouement civil et militaire, pour avoir consacré aux associations et biens d'autres une grande part de ma vie.

Une prochaine étape se dessine, puisque je viens de prendre ma retraite « active ». Les aidants coulent dans mes veines, alors je continue à chaque fois que je le peux, de me préoccuper de ceux qui aident, c'est le cas de Gladys et Jeanne qui prennent soin de leur maman depuis plus de dix ans, et souhaitent faire perdurer mon concept de répit.

Comme tous les aidants, elles ressentaient une grande fatigue morale et physique. Mon activité ayant cessé, Gladys et Jeanne organisèrent seules un séjour pour elles et leur mère en situation de handicap. A cette occasion, elles expérimentèrent toutes les difficultés d'une telle activité : à leur retour, elles me sollicitèrent pour se lancer elles aussi dans cette vocation en faveur du plus grand nombre d'aidants. Je les accompagnai avec plaisir, y voyant par ailleurs une belle transmission.

Brigitte et moi laissons maintenant tout l'amour, la richesse reçue, s'exprimer aussi dans l'art, elle dans la peinture, moi m'essayant à l'écriture.

Après l'aube a suivi le jour que j'ai voulu, car jamais je n'ai rien lâché pour un monde meilleur, et transmets ici le flambeau à mes petits-enfants.

Comme me disait dernièrement un ami franc-maçon :

« Oui, mais toi tu as reçu l'onction divine »

« A force d'aimer »

Chapitre 1	A l'aube
Chapitre 2	L'Ancêtre
Chapitre 3	L'autre face
Chapitre 4	Le rock n'roll
Chapitre 5	Toujours Dieu
Chapitre 6	Infortunes
Chapitre 7	Le miracle de l'amour
Chapitre 8	Maladie et renaissance
Chapitre 9	Un des plus beaux jours de ma vie
Chapitre 10	Un autre destin
Chapitre 11	La rencontre
Chapitre 12	La croisière
Chapitre 13	Les mamies
Chapitre 14	L'écrin
Chapitre 15	Les aidants
Fin	Et maintenant ?

Remerciements à Anne Lepicard, biographe,

pour son aide précieuse

© 2025 Sylvain Dauber
Édition : BoD · Books on Demand, 31 avenue Saint-Rémy, 57600 Forbach, bod@bod.fr
Impression : Libri Plureos GmbH, Friedensallee 273, 22763 Hamburg (Allemagne)
ISBN : 978-2-3226-3479-8
Dépôt légal : Juin 2025